Deutsche Haiku-Gesellschaft e. V.

Die Deutsche Haiku-Gesellschaft e. V.[1] unterstützt die Förderung und Verbreitung deutschsprachiger Lyrik in traditionellen japanischen Gattungen (Haiku, Tanka, Haibun, Haiga und Kettendichtungen) sowie die Vermittlung japanischer Kultur. Sie organisiert den Kontakt der deutschsprachigen Haiku-Dichter untereinander und pflegt Beziehungen zu entsprechenden Gesellschaften in anderen Ländern. Der Vorstand unterstützt mehrere Arbeits- und Freundeskreise in Deutschland sowie Österreich, die wiederum Mitglieder verschiedener Regionen betreuen und weiterbilden.

[1]Mitglied der Federation of International Poetry Associations (assoziiertes Mitglied der UNESCO), der Haiku International Association, Tokio, Ehrenmitglied der Haiku Society of America, New York.

Anschrift   Deutsche Haiku-Gesellschaft e.V., z. Hd. Stefan Wolfschütz, Postfach 202548, 20218 Hamburg

Vorstand

Info/DHG-Kontakt und Redaktion   Horst-Oliver Buchholz, horst-oliver.buchholz@dhg-vorstand.de

Redaktion   Eleonore Nickolay, eleonore.nickolay@dhg-vorstand.de

Kassenwartin   Petra Klingl, petra.klingl@dhg-vorstand.de

Website   Stefan Wolfschütz, stefan.wolfschuetz@dhg-vorstand.de

Claudia Brefeld, claudia.brefeld@rub.de

Internationale Kontakte   Klaus-Dieter Wirth, kd.wirth@dhg-vorstand.de

Peter Rudolf, peter.rudolf@dhg-vorstand.de

Tony Böhle, tony.boehle@dhg-vorstand.de

Bankverbindung: Landessparkasse zu Oldenburg, BLZ 280 501 00, Kto.-Nr. 070 450 085 (BIC: SLZODE22XXX, IBAN: DE97 2805 0100 0070 4500 85)

Bibliografische Information der Deutschen Nationalbibliothek:
Die Deutsche Nationalbibliothek verzeichnet diese Publikation in der Deutschen
Nationalbibliografie; detaillierte bibliografische Daten sind im Internet über
dnb.dnb.de abrufbar.

©2020 Deutsche Haiku-Gesellschaft
Herstellung und Verlag:
BoD – Books on Demand, Norderstedt
ISBN 978-3-750498-13-6

Editorial

Liebe Leserinnen und Leser,

hatten Sie einen erholsamen und sorglosen Sommer? In den hinter uns liegenden Urlaubsmonaten hatte die SOMMERGRAS-Redaktion jedenfalls die schöne Aufgabe, diese Septemberausgabe für Sie zusammenzustellen, und wir bedanken uns herzlich bei all denjenigen, die sie dieses Mal mit ihren Beiträgen bereichert haben und uns mit ihrer Jury-Arbeit zur Seite standen.

Doch nicht nur die Redaktion, auch der DHG-Vorstand ist stets aktiv.

Die Vorbereitungen für die anstehende Mitgliederversammlung im nächsten Jahr laufen bereits seit Anfang März. Sie wird von Freitag, dem 28. Mai bis Sonntag, dem 30. Mai in Berlin stattfinden.

Petra Klingl und die Berliner Haiku-Gruppe erstellen das Rahmenprogramm, das wir Ihnen im Dezemberheft vorstellen werden. Hoffen wir, dass die Zukunft uns erlaubt, all unsere Pläne auch tatsächlich verwirklichen zu können!

In diesem Sinne die herzlichsten Grüße der Redaktion und des DHG-Vorstandes,

Eleonore Nickolay

> Tiefer Herbst
> Mein Nachbar –
> Wie mag's ihm gehen?
> Bashō

Inhalt

REZENSIONEN/BESPRECHUNGEN

Aufruf

Der Wettbewerb zur Haiku-Agenda 2021

Unsere Leserinnen und Leser, unsere DHG-Mitglieder können sich auf die neue Haiku-Agenda 2021 freuen, die ab Herbst 2020 im Buchhandel erhältlich sein wird.

Zum Wettbewerb für die Haiku-Agenda rief die DHG im Dezember 2019 auf.

Uns erreichten 269 Haiku von 73 Haiku-Dichterinnen und -Dichtern. 222 Texte stammen von 59 DHG-Mitgliedern und 47 Texte von 14 Nichtmitgliedern. Die 269 Haiku verteilen sich recht gleichmäßig auf die vier Jahreszeiten; zehn Texte konnten der fünften Jahreszeit „Silvester/Neujahr" zugeordnet werden.

Die von Peter Rudolf anonymisierte Liste aller Einsendungen ging, nach Jahreszeiten geordnet, Anfang Juli an die Jury. Die drei Juroren Horst-Oliver Buchholz, Petra Klingl und Klaus-Dieter Wirth vergaben jedem Haiku bis maximal drei Punkte. Die DHG hatte für die Agenda 2021 keine Preise ausgeschrieben. Aus diesem Grund können hier keine Gewinner bekannt gegeben werden.

An dieser Stelle können wir aber schon verraten, dass ein Haiku acht Punkte erreicht hat und dreizehn Haiku mit je sieben Punkten ausgezeichnet worden sind.

Wir danken allen Teilnehmern und Teilnehmerinnen recht herzlich.

Peter Rudolf, Jurykoordinator
Eleonore Nickolay, Agenda-Konzeption

KreAktiv

Haiku dichten in Zeiten einer Pandemie

Für uns alle, liebe Leserinnen und Leser, waren die vergangenen Monate keine gewöhnlichen, es war nicht das gewohnte Frühjahr, nicht der vertraute Sommer. Eine Pandemie hat sich über unser Leben gelegt und bestimmt es mit. Niemand bleibt davon unberührt. Und so hatten wir Sie eingeladen, Ihre Eindrücke, Gedachtes und Empfundenes, zu dieser Zeit in einem Haiku zu verdichten, das Namenlose in Worte zu geben. 32 Haiku haben uns erreicht. Besonders gefallen hat uns ein Haiku von Udo Mansfield, das die meisten Punkte bekommen hat.

Quarantäne –
er streichelt
ihr Nachthemd

Ein kurzes Haiku in hoher Verdichtung. Ein zartes, zudem, ohne dass dieses Zarte in die Nähe von flacher Empfindung geraten könnte. Vielmehr öffnet sich im Gegenteil ein tieferer Raum, der sprachlich mit nur fünf Wörtern auskommt, in denen sich aber etwas auftut, das über die Worte hinausgeht und einen zweiten Raum öffnet. Wodurch geschieht das? Wir sehen uns hier offenbar einer Vereinsamung gegenüber – Quarantäne. Doch da ist noch mehr. Ein Nachthemd wird gestreichelt, ein Nachthemd, das ein intimes Kleidungsstück ist und somit für Nähe und Vertrautheit steht. Hier aber steht es – schöne Kontrastierung – für Einsamkeit. Denn die Besitzerin ist nicht (mehr?) da. So wird die Abgeschiedenheit einer Quarantäne ein weiteres zusätzliches Mal bewusst, und wir dürfen wohl annehmen: schmerzhaft bewusst. Und doch mischt sich auch ein tröstlicher Ton ein, wenn man bereit ist, genauer hinzuhören. Denn vielleicht sind mit dem textilen Stück auch süße und somit tröstende Erinnerungen verwoben, die die momentane Einsamkeit leichter tragen lassen.

Gelungen auch, dass der Grund der Abwesenheit offen bleibt. Sicher, so der erste Gedanke, die Einsamkeit kommt aus der fremdbestimmten

Quarantäne. Möglich aber auch, dass abseits der Quarantäne eine Trennung und gar im düstersten Falle ein Ableben der Grund des Alleinseins ist. So wird der Vereinsamung durch die Quarantäne eine weitere an die Seite gestellt, oder – so ließe sich auch sagen – durch eine weitere vertieft. Eine weite Gefühlswelt mithin, geöffnet in einem kleinen Sprachraum. Auch so entstehen gelungene Haiku – wie dies hier.

Kommentiert von Horst-Oliver Buchholz

Außerdem präsentieren wir hier eine Auswahl von Haiku, die die Jury mehrheitlich als gut gelungen angesehen hat. Alle weiteren Haiku, die uns erreicht haben, werden auf der Internetseite der Deutschen Haiku-Gesellschaft www.haiku.de veröffentlicht.

Ausgangssperre
auf dem Kinderspielplatz
lärmen nur Spatzen
Christa Beau

Einmeterfünfzig
der Bettler reicht uns seine Büchse
an der Stange
Ingrid Meinerts

Wiedereröffnung –
auch der Teddybär
trägt Maske
Janina Weidholz

Stille am Tisch
seine schwere Hand
kehrt Brosamen
Claus Hansson

zwischen Gräbern
vom Wind davon getragen
leise Abschiedsworte
Erika Uhlmann

Einladung: Ein Haiku zu einem Foto

Licht und Schatten sowie das Gelb spätsommerlicher, bald herbstlicher Blätter – dieses Bild, so ließe es sich schauen, trägt eine Stimmung von Abschied, auch von Übergang zu etwas Neuem.

Lassen Sie sich davon inspirieren und dichten Sie ein Haiku zum Foto. Wir wählen eines davon aus und machen damit das Bild zu einem Haiga. Und natürlich wird auch wieder eine Auswahl aller eingesandten Haiku veröffentlicht. Wir sind gespannt auf Ihre Werke!

Einsendungen an: redaktion@deutschehaikugesellschaft.de
Stichwort: Haiku KreAktiv
Einsendeschluss: 15. Oktober 2020

Haiku-Kaleidoskop

Klaus-Dieter Wirth

Grundbausteine des Haiku (XLI)
dargestellt an ausgewählten Beispielen

Emotionalität

Ähnlich wie ein lyrisches Ich[1] – wenn überhaupt – grundsätzlich nur indirekt im Haiku in Erscheinung tritt, so sollte auch jegliche Äußerung von Emotionalität stets diskret erfolgen. Dennoch ist sie als solche von prinzipieller Bedeutung. Denn damit das zunächst objektiv Wahrgenommene nicht bloß in einer Beschreibung[2] erstarrt, ist es wichtig zu spüren, dass der Dichter durchaus von seiner Beobachtung überrascht[3], ja mehr noch, angerührt wurde. So kommt letztlich kein gelungenes Haiku ohne durchscheinendes *kokoro* (Herz, Gemüt, Seele, Geist, Gefühl, Sinn, Bedeutung) aus. In diesem Sinne ist Emotionalität mit Gefühlshaftigkeit, nicht jedoch mit Gefühlsbetontheit zu verstehen! Das aufgefallene Phänomen erweist sich bei aller Eigenwertigkeit immer auch als Auslöser emotionaler Betroffenheit und ist damit ein Grundmerkmal der Haiku-Dichtung. Der amerikanische Issa-Spezialist David G. Lanoue geht im Hinblick auf die Leser noch einen Schritt weiter, indem er feststellt: „Ein Haiku muss einem ans Herz wachsen, um sich zu offenbaren. Ein Haiku ist wie eine Geliebte."[4] Und ein japanisches Sprichwort betont: „Beim Betrachten der Natur werden die Gefühle geboren."

---

[1]Vgl. Haiku-Grundbaustein XIII.
[2]Vgl. Haiku-Grundbaustein XX.
[3]Vgl. Haiku-Grundbaustein I.
[4]Lanoue, David G.: *Ein Gefühl von Neugierde* - 101 Haiku, Norderstedt (Books on Demand) 2018, S. 7, ISBN: 978-3-75-286827-2.

10

Als Musterbeispiel mag das wohl zweitberühmteste japanische Haiku nach Bashōs Froschgedicht dienen, komponiert von der Dichter-Nonne Kaga no Chiyo-ni:

Asagao ni	Die Trichterwinde
tsurube torarete	umrankt mir morgens den Eimer –
morai mizu	Dann halt Wasserholen beim Nachbarn ...[5]

Verhaltene Empfindsamkeit: Typisch weiblich? Typisch japanisch!

Ein weiteres Beispiel verdeutlicht, dass die Emotionalität auch gerne an atmosphärische Eindrücke[6] anknüpft:

Winter solitude –	Wintereinsamkeit –
In a world of one colour	In einer einfarbigen Welt
the sound of the wind.[7]	das Rauschen des Winds.
Matsuo Bashō (JP)	

Im Übrigen findet die persönliche Sichtweise des Dichters mit seinem eigenen Erfahrungshorizont vorrangig im Tanka, dem viel älteren fünfzeiligen Verwandten des Haiku, ihren Ausdruck. Damit ist dieses auch primär emotional ausgerichtet, das Haiku dagegen sensoriell, also von den Sinneswahrnehmungen her bestimmt. Folglich steht bei ihm auch das intuitive Bemühen um eine möglichst objektive Erkenntnis in Bezug auf die Phänomene der Außenwelt im Vordergrund, nicht jedoch das Offenbaren von Gefühlsregungen, die das Erlebte bei seinem Rezipienten ausgelöst hat. Auch wird beim Tanka umgekehrt versucht, etwas, das einen gedanklich bewegt, erst danach mittels konkret Vorstellbarem zu veranschaulichen. Auf diese Weise drückt sich hier ein Individuum aus, dort hingegen macht eine Erscheinung der Umwelt auf sich aufmerksam. Durch diese andersgeartete

---

[5]Übersetzung von Eduard Klopfenstein und Masami Ono-Feller.
[6]Vgl. Haiku-Grundbaustein XVIII.
[7]Übersetzung von Robert Hass.

Konstellation ist der Blick des Tanka-Dichters deshalb nicht unmittelbar gegenstands-, doch zeitbezogen[8] viel unabhängiger und weitschweifender. Außerdem haftet dem Tanka schon aufgrund seiner Wortbedeutung etwas Liedhaftes an, was auf das Haiku grundsätzlich nicht zutrifft. Rein technisch gesehen sollte das Haiku schließlich auf keinen Fall prinzipiell nur als Teil eines Tanka angesehen werden. Beide Formen sind definitiv in sich geschlossene, unabhängige Gattungen.

Este deseo de ir en todas direcciones estando en verdes arrozales[9]	Dieser Wunsch in alle Richtungen zu gehen inmitten grüner Reisfelder

    Takako Hashimoto (JP)

From a stagnant pool I scoop up voices of fish[10]	Aus stehendem Wasser schöpfe ich Stimmen von Fischen

    Toshio Kimura (JP)

hot bath water cold on the breastless side spring thunder[11]	heißes Badewasser kalt auf der brustlosen Seite Donner im Frühling

    Yoko Ogino (JP)

this full moon after the tenth memorial of my husband[12]	dieser volle Mond nach dem zehnten Jahrestag meines Ehemanns

    Etsu Sayayama (JP)

---

[8] Vgl. Haiku-Grundbaustein XII.
[9] Übersetzung aus dem Englischen ins Spanische durch Leticia Sicilia Saavedra.
[10] Übersetzung aus dem Japanischen ins Englische vom Autor selbst.
[11] Übersetzer unbekannt.
[12] Übersetzer unbekannt.

allein unterwegs
eine Handvoll Wärme
vom Maronenmann

    Simone K. Busch (DE)

Der halb gefüllte Erntewagen
ein Bauer
fährt Rest-Glück heim

    Ingrid Hassmann (DE)

Treibholz
wir halten uns
an den Händen

    Eleonore Nickolay (DE / FR)

Met trage vingers
tokkelt zij op haar rolstoel –
geluid van eenzaamheid

    Maria de Bie-Meeus (BE)

na het maaien
de kleinste madeliefjes
ongeschonden

    Leidy de Boer (NL)

trouwdag
haar gescheiden moeder
moet huilen

    Bouwe Brouwer (NL)

Naar een vogel zien
die z'n nest bouwt
vergeet ik m'n ouderdom.

    Maria Dewicke (BE)

zerdrücktes Veilchen
in fester Kinderhand – ein
Geschenk für Mama.

    Sabine Engertsberger (DE)

Perseidenschauer
unser Wunsch nach Ewigkeit
wächst

    Anke Holtz (DE)

Neujahr
Vater bringt den Karpfen
zurück in den Teich

    Elisabeth Weber-Strobel (DE)

Mit trägen Fingern
klimpert sie auf ihrem Rollstuhl –
Hall von Einsamkeit

nach dem Mähen
die kleinsten Gänseblümchen
unversehrt

Hochzeitstag
ihre geschiedene Mutter
muss heulen

Einem Vogel zuschauen
wie er sein Nest baut
vergess ich mein Altsein

De merel fluit
nu ik je leer kennen
een heel ander lied

    Leo Dumon (BE)

Die Amsel singt
nun, da ich dich kennen lerne
ein ganz anderes Lied

het goud van de zon
op de letters van haar naam
grijze grafsteen

    Luc Lambrecht (NL)

das Gold der Sonne
auf den Buchstaben ihres Namens
grauer Grabstein

open casket
the kiss
that used to wake up

    Racquel D. Bailey (JM)

offener Sarg
der Kuss
der aufzuwecken pflegte

hospice
his box of memories
forgotten

    Triska Blumenfeld (NZ)

Hospiz
seine Schachtel mit Erinnerungen
vergessen

the day after …
walking
without a leash

    Anne LB Davidson (US)

am Tag danach …
eine Runde drehen
ohne Leine

dead hamster
my son invents
a religion

    George Dorsey (US)

toter Hamster
mein Sohn erfindet
eine Religion

her empty room
filled
with absence

    John Gonzalez (GB)

ihr leeres Zimmer
gefüllt
mit Abwesenheit

cherry blossoms
inching his walker
along the path
    Patty Hardin (US)

Kirschblüten
ganz langsam mit dem Rollator
den Pfad entlang

Christmas sale
a little girl steals a kiss
from a doll
    Bob Lucky (US)

Weihnachtseinkäufe
ein kleines Mädchen holt sich heimlich
bei einer Puppe ein Küsschen

in the wheelchair
tilting her head back
to feel the rain
    Carl Mayfield (US)

im Rollstuhl
sie beugt ihren Kopf zurück
um den Regen zu spüren

anniversary
his music
still with us
    Margery Newlove (GB)

Jahrestag
seine Musik
immer noch unter uns

frosty morning –
checking mousetraps
hoping both ways
    Greg Paullus (US)

frostiger Morgen –
Mausefallen überprüfen
hoffen in beiderlei Hinsicht

night rain
I snuggle deeper
into the sound
    Jean Rasey (AU)

Nachtregen
ich kuschle mich tiefer
in seinen Sound

the sack of kittens
sinking in the icy creek,
increases the cold
    Nick Virgilio (US)

der Sack mit den Kätzchen
der im eisigen Bach versinkt
verstärkt die Kälte

Déménagement –
Plier le paysage en trois
dans la mémoire

    Jean Antonini (FR)

Umzug –
Die Landschaft dreifach falten
im Gedächtnis

Escargot trop lent
les bambins s'accroupissent
pour l'encourager

    Micheline Aubé (CA)

Schnecke zu langsam
die Kleinen gehen in die Hocke
um sie anzuspornen

carnet d'adresses
celles de mes amies mortes
incapable de les effacer

    Hélène Boissé (CA)

Adressbüchlein
außerstande meine toten Freundinnen
darin zu löschen

Jour de printemps –
elle promène les couleurs
de son parapluie

    Dominique Borée (FR)

Tag im Frühling –
sie führt die Farben
ihres Regenschirms aus

Un muguet séché
entre tes lettres d'amour –
Mon printemps si loin

    Joëlle Ginoux-Duvivier (BE)

Ein getrocknetes Maiglöckchen
zwischen deinen Liebesbriefen –
Mein Frühling so fern

11h30
juste avant le bistouri
caresser mon sein

    Lise Robert (CA)

11.30 Uhr
schnell noch vor dem Skalpell
meine Brust streicheln

La mariposa
ha salvado al lirio
de las tijeras

    Salim Bellen (LB / CO)

Der Schmetterling
hat die Lilie vor der
Schere gerettet

Caballo ciego.
Engulle con la hierba
su sombra fiel.

    Jorge Braulio Rodríguez (CU)

Blindes Pferd.
Verschlingt mit dem Gras
seinen getreuen Schatten.

The dying woman
in the war said good-bye
by phone

    Anica Gečić (HR)

Die im Krieg Sterbende
sagte ihr Lebewohl
per Telefon

Sin monedas la niña
su mejor sonrisa
para el mendigo

    Victoria Eugenia Gómez Mina
    (CO)

Ohne Münzen das Mädchen
sein bestes Lächeln
für den Bettler

on a cold doorknob
I feel loneliness
behind the walls[13]

    Nina Kovačić (HR)

am kalten Türknauf
spüre ich die Verlassenheit
hinter den Mauern

la abuela enferma
una luna de invierno
también para ella

    Ekías Rovira Gil (ES)

kranke Großmutter
der Wintermond
auch für sie

---

[13]Übersetzer unbekannt

Eleonore Nickolay

Die Französische Ecke

Das Spiel mit den Worten ist Thema der 68. Ausgabe von GONG, der Vierteljahresschrift der Frankofonen Haiku-Gesellschaft. Da entsteht zum Beispiel in Maxianne Bergers spielerischem Umgang mit Haiku Erstaunliches. Sie hat Haiku-Zeilen auf Papierstreifen geschrieben und beliebig kombiniert. Außerdem hat sie sieben Jahre damit zugebracht, mit Wörtern aus Melvilles Roman „Moby Dick" 136 Haiku zu dichten. Zu Recht weist sie darauf hin, dass das spielerische Element in der japanischen Dichtung Tradition hat. So erfreute sich unter anderem das Palindrom, im Japanischen *kaibun* (sich drehender Satz) genannt, schon im 17. und 18. Jahrhundert größter Beliebtheit. Maxianne Berger betont auch, dass es ihr keineswegs um Nonsens-Gedichte gehe, sondern sie sich stets bemühe, gute Haiku entstehen zu lassen. Faszinierende Tatsache dabei ist, dass die Auflagen und Zwänge, die sie sich beim Dichten auferlegt, die dichterische Freiheit gerade nicht einschränken, sondern im Gegenteil Ungeahntes zutage bringen.

Hélène Phung schildert die Lautmalerei (*gionko)* in der japanischen Sprache. Neben der mannigfaltigen Nachahmung von Tierlauten und Geräuschen in der Natur und Geräuschen, die Menschen von sich geben, gibt es die besonders subtile und einfallsreiche Lautmalerei von Gefühlen und Empfindungen (*gitaigo*), die sich schwer in Worte kleiden lässt, zum Beispiel *odo, odo* für Unpässlichkeit, *kasa, kasa* für Trübsinn und *uro, uro* für den ohne Ziel Flanierenden. Etwas Weiches wird mit *fuwa, fuwa* phonetisch nachgeahmt und etwas Glänzendes, wobei es sich um etwas Goldenes handeln kann, aber auch um eine Idee mit *pika, pika*. Hélène Phung betont, dass es sich um mehr als Wortspiele handele. Die Lautmalerei sieht sie zwischen der Sprache des Logos und der des Körpers, man denke nur daran, wie unmittelbar uns zum Beispiel der Schmerzensschrei „Au" oder „Aua" entweicht.

Die Autoren und Autorinnen, die dem Aufruf folgten, das Spiel in all seinen Facetten zu thematisieren, hielten sich mit Wortspielen, Lautmalereien und anderen Stilfiguren sehr zurück. Vermutlich ist die Regel, das alles habe im Haiku nichts zu suchen, einfach zu sehr verinnerlicht.

Presque trente ans
il joue comme un enfant
le chimpanzé

    Clément COHEN

fast dreißig Jahre alt
er spielt wie ein Kind
der Schimpanse

corde à linge –
par-dessus slips et culottes
la partie de badminton

    Michel DUFLO

Wäscheleine –
über Slips und Höschen
eine Partie Federball

Beach volley
les supporters n'ont d'yeux
que pour son bikini

    Gérard DUMON

Beach Volley
die Fans haben nur Augen
für ihren Bikini

10 fois essayer
d'attraper sa main –
cours de danse

    Alain HENRY

zehn Mal versuchen
ihre Hand zu greifen –
Tanzkurs

Deux arbres
se tiennent par la main
théâtre à l'école

    Iocasta HUPPEN

Zwei Bäume
halten sich an den Händen
Schultheater

petit square fermé
seul sur la balançoire
le vent du printemps

    Michèle HARMAND

geschlossener Park
allein auf der Schaukel
der Frühlingswind

petit matin
dans les draps tièdes
jeux de mains

    Geneviève REY

früher Morgen
in den warmen Laken
das Spiel der Hände

Orange énorme
la lune à cache-cache
entre les HLM
  Germain REHLINGER

Riesige Orange
der Mond spielt Verstecken
zwischen den Wohnblocks

Carsten Kaven

Das Haiku im Anthropozän
2. Teil

3. Natur im Anthropozän

Neben dem Sternenhimmel ist für Menschen wohl die umgebende Landschaft der weiteste sinnliche Bezug zur Natur. Diese Landschaft mit ihren Tieren und Pflanzen stellte sich zum Ende der letzten Eiszeit ganz anders dar als in der Gegenwart. Dies lag zum einen am Wandel klimatischer Bedingungen mit Folgen für Flora und Fauna; es lag aber auch am Menschen, der es gelernt hatte, das Feuer für eigene Zwecke zu nutzen. Brandrodung als Technik begleitet Menschen schon seit langer Zeit. Die natürliche Umwelt umgibt Menschen in einer bestimmten Gestalt, welche durch den Namen einer geologischen Epoche bestimmt ist. Dies war bisher das Holozän, welches seinen Anfang am Ende der letzten Eiszeit vor ca. 11.000 Jahren nahm und bis ins 20. Jahrhundert eine Phase klimatischer Stabilität brachte. Trotz dieser langfristigen Wandlung der natürlichen Umwelt stellt sich diese für in einer bestimmten Gegenwart lebende Menschen als stabil dar. Die Ansicht, die Erde sei eine unverrückbare Gegebenheit, ist jedoch spätestens seit der Industriellen Revolution fragwürdig. Seitdem treten Menschen in planetarischem Maßstab als gestaltende Kraft auf. Es ist nicht mehr eine lokale Landschaft, welche durch Brandrodung verändert wird; Artenschwund nach der Ankunft des Homo sapiens ist kein lokal begrenztes Phänomen mehr (wie das Verschwinden der australischen Megafauna).

Konsequenzen aus diesen Entwicklungen haben der niederländische Atmosphärenchemiker Paul Crutzen und der Biologe Eugene Stoermer gezogen, als sie im Jahr 2000 den Begriff des Anthropozäns ins Leben gerufen haben. Sie wollten einer Situation Rechnung tragen, in der die Eingriffe des Menschen in natürliche Prozesse derart gravierend geworden sind, dass man ihre Folgen auch in – sagen wir – hunderttausend Jahren noch wahrnehmen wird. Tiefbaumaßnahmen haben die Gestalt unterhalb der Erdoberfläche dauerhaft verändert (durch Bergbau und Tunnel); Plastik, Beton und Kunststoffe werden in großen Mengen auch nach dem Verschwinden des Homo sapiens vorhanden sein; Verstädterung und Landwirtschaft sind die prägenden Elemente der Gestalt der Erdoberfläche. Selbst Tages- und Jahreszeiten bleiben nicht unberührt, wie das Verschwinden des Winters hierzulande und der Nacht in Großstädten bezeugen.

All dies betrifft auch den Begriff dessen, was man als „Natur" bezeichnet. In einer naiven, anthropozentrischen Sicht bezeichnet Natur alles, was nicht menschlich oder gesellschaftlich ist: Tiere, Pflanzen, Landschaften, Himmel und Meere. Naiv ist diese Sicht zum einen, da Menschen stets Teil natürlicher Prozesse waren und zum anderen Gesellschaften niemals ohne Naturverhältnisse zu denken sind. Naiv ist diese Sicht aber auch, da die Grenzen zwischen natürlich/künstlich oder natürlich/erzeugt durch Möglichkeiten der technischen Gestaltung und Hybridisierung immer fragwürdiger werden. Erinnert sei nur daran, dass ein Großteil der auf der Erde lebenden größeren Tiere Züchtungen sind und der Raum dessen, was man noch als „Wildnis" bezeichnen könnte, kontinuierlich schrumpft. Die gedankliche Abspaltung einer Welt der Menschen von Natur qua Pflanzen, Tieren, Luft und Wasser bedeutet eine Illusion, welche mit der Neolithischen Revolution in die Welt kam. Lange vor dem Anthropozän also ist Natur zu einer geformten Natur geworden. Da sie damit auch eine gestörte Natur geworden ist, hat sie ihren harmonischen Charakter verloren. In der Gegenwart zeigen dies Konzepte an wie das Überschreiten von „planetary boundaries" oder das immer frühere Eintreten eines „earth overshoot days" mit der Folge immer umfassenderer ökologischer Krisen.

Der Begriff des Anthropozäns hat zwar seinen Ausgang in den Geo- und Naturwissenschaften genommen; Sozial- und Kulturwissenschaften haben ihn jedoch ebenfalls interessiert aufgenommen. Auch wenn der Ausgangspunkt der Debatte um eine neue geologische Epoche eine fachliche Diskussion war, hat sich das Konzept in viele geistes- und sozialwissenschaftliche Disziplinen verzweigt. Berichtet wird nicht nur in geologischen Fachzeitschriften, sondern auch in Feuilletons und Kunstausstellungen. Dieser Diskurs hat Fragen angestoßen, welche keine naturwissenschaftlichen Fachfragen mehr sind, so etwa nach dem Verhältnis von Natur und Kultur, von Umwelt und Gesellschaft, von menschengemachter und menschenloser Natur.

Auch in der Literatur, insbesondere Lyrik ist die Resonanz nicht ausgeblieben. Mittlerweile sind Anthologien erschienen, welche die Aufnahme des Konzepts in der gegenwärtigen Lyrik-Szene dokumentieren; und diese unterscheiden sich von der Umwelt- und Ökolyrik der 1970er und 1980er Jahre wesentlich. (Beim Haiku im Speziellen ist mir solches allerdings nicht bekannt.) Auch wenn es richtig ist, das Haiku nicht auf eine Form der Naturlyrik zu verkürzen, reiht es sich in Deutschland in eine Dichtung ein, für die der Naturbezug grundlegend ist. In verschiedenen Epochen hat Lyrik auf verschiedene Themen reagiert. So war die romantische Naturlyrik des 19. Jahrhunderts nicht zuletzt eine Antwort auf die Industrialisierung mit ihren Folgen wie Entwurzelung und Entfremdung. Natur wurde als Gegensatz zur (Groß-)Stadt aufgefasst und verklärt. Die Ökolyrik der 1970er und 1980er Jahre stand im Zeichen von Umweltzerstörung, Tschernobyl und der Anti-AKW-Bewegung. Natur wurde als Bedrohtes, Zerstörtes, als Opfer von Zivilisation aufgefasst. In der Gegenwart des Anthropozäns ist Natur zu einer gestalteten und vielfach hybridhaften geworden, ökologische Krisen werden zur existentiellen Bedrohung. Es liegt damit auf der Hand, dass Entwicklungen hin zu einem Anthropozän einen klischeehaften, naiven Naturbezug unmöglich machen. Ein Mensch, der von einem ‚bref étonnement‘ getroffen wird, ist derjenige, der den Anstoß hierzu gegeben hat. Natur ist keine statische Kulisse, vor der Menschen ihr Stück aufführen. Die Erde ist insgesamt zur Bühne ohne Hinterausgang geworden.

4. Haiku im Anthropozän

Was folgt aus alledem für das Haiku? Wenn ich davon ausgehe, dass ein naiver Naturbezug eine zu überwindende Beschränkung darstellt, muss auch das Haiku auf die neue Situation reagieren – soll es nicht Natur eindampfen zu einer Wohlfühl-Ressource und in einen Dornröschenschlaf versinken. Wenn es möglich ist, gehaltvolle Aussagen über „Lyrik im Anthropozän" zu treffen, muss dies auch für das Haiku der Fall sein. Vielleicht verhält es sich sogar dergestalt, dass gerade das Haiku am ehesten eine Antwort auf die Frage nach der Stellung von Lyrik im Anthropozän geben kann. Schließlich ist es eine Gedichtform par exellence, welche sich aus einer Kultur (Japans) heraus in alle Weltgegenden verbreitet hat und somit die Chance birgt, dem tellurischen Horizont der neuen Epoche gerecht zu werden. Was ist für den Dichtenden in einem Haiku-Moment gegeben? Mit folgenden Thesen möchte ich einen möglichen Pfad aufzeigen. Die tragenden Elemente dieser kleinen Form haben weiterhin Bestand, bekommen aber eine besondere Wendung. Dies betrifft die Rolle des betrachtenden Ich/Selbst, den Bezug auf Jahreszeiten, die Dimension der Gegenwart und die Spannung des Unaufgelösten, des zu interpretierenden Rests.

Gestaltete Natur ist eine vielfach bedrohte und – in Form ökologischer Krisen – bedrohliche Natur. Diese Erkenntnis macht Haiku mit einem harmonistischen Naturbezug fragwürdig. Es ist zynisch, als Mensch des globalen Nordens Natur als Ressource für Dichtung zu verwenden, und zugleich in der Rolle als Anthropozäniker Pflanzen, Tiere und Landschaften nach Verwertungsinteressen zu gestalten. Die Stellung eines Haiku-Dichtenden ist eine andere geworden. Damit transformiert sich die Frage von: Welchen Sinn hat „Natur" in Zeiten des Anthropozäns im Haiku? zu: Wie verändert sich die Stellung des Haiku-Dichtenden zu einer Natur, die sich ihrerseits radikal verändert? Der Sinn der Zurücknahme des Ich in der Wahrnehmung eines Haiku-Moments lag darin, das Wesen der Dinge sprechen zu lassen, zu den Dingen selbst zu gelangen. Das Anthropozän macht ein Zurücktreten von einer als unabhängig gedachten Natur unmöglich, da es kein Anderes mehr gibt, welches mir als äußere Natur begegnet. Auch im Frosch und im Kirschblütenzweig erkenne ich mich selbst. Muss man damit die Forderung nach einer Zurücknahme des Ich zu den Akten legen und die Bindung zu den buddhistischen Wurzeln kappen? Ich meine nein. Rücknahme des Ich bedeutet nicht mehr, die Dinge selbst sprechen zu lassen, eben weil sie nicht mehr „sie selbst" sind. Das, was in einem Haiku-Moment an Konkretem erfahrbar wird, ist nicht mehr Teil einer stabilen, dem Menschen äußeren Natur. Der Anspruch, in der Anschauung eines Augenblicks das Ich zum Verschwinden zu bringen, bedeutet dann, sich aus den Verstrickungen zu lösen, die an ein falsches Naturverhältnis binden – oder diese Verstrickungen zumindest zu lockern. Es bietet sich damit die Chance, den Blick für eine Natur ohne Menschen mit ihrem Eigensinn wiederzugewinnen. Es bietet sich ebenfalls die Chance, die Unsinnigkeit des Herrschaftsanspruchs über Natur zu erkennen. Der Sinn der alten Forderung nach einem Zurücktreten des Ich ist damit ein anderer geworden.

Das, was sich an Natur als Konkretes und Gegenwärtiges zeigt, ist gestaltet und krisenhaft zugleich. Am radikalsten zeigt sich dies in den Jahreszeiten. Sind diese noch einfach gegeben, wenn man in unseren Breiten den Winter vermisst? Es verbietet sich, über Jahreszeiten zu schreiben wie zu Zeiten Bashos, wenn Sommer uns mit tödlichen Hitzewellen treffen. In der Gegenwart erleben wir eine grundlegend andere Situation als zur Blütezeit des traditionellen Haiku, als Natur in einem Haiku-Moment unmittelbar und konkret erfahrbar schien. Eine sich transformierende Natur und sich transformierende Vorstellungen von ihr haben Folgen für die Stellung des Haiku-Dichtenden zu ihr. Das, was in der Gegenwart eines Haiku-Moments erfahrbar ist, ist konkret – aber dennoch vermittelt. Dadurch bietet sich aber auch ein neuer Reiz: durch die Differenz zwischen der Kleinheit des im Gedicht gestalteten Welt-Ausschnitts und der geoepochalen Wirkung menschlichen Handelns. Genau an dieser Schnittstelle liegt die Möglichkeit, die Begrenzung des Verfügens und Wissens – und damit von Naturbeherrschung – aufzuzeigen. Die Dimension der Macht ist schließlich wechselseitig: Natur wird geoepochal „bewirkt"; andererseits zeigt sich die Begrenzung der Macht in den ebenfalls geoepochalen Dimensionen ökologischer Krisen einer letztlich doch nicht beherrschten Natur. Verändert ist damit, was sich als Gegenwärtiges und Konkretes in einem Haiku-Moment präsentiert.

Der Frosch, der Baum, der See sind für uns nicht mehr die gleichen, wie vor hundert, wie vor fünfhundert Jahren. Wenn das Haiku das Allgemeine im Besonderen (Einzelnen, unmittelbar Gegebenen) aufzeigen will, muss es darauf reagieren, wenn sich dieses Allgemeine wandelt. Hierauf geht die Eigenart des Haiku, nicht alles zu sagen, zurück. Ein Haiku erschöpft sich nicht in einer für den Leser transparenten Aussage. Es gleicht einem Geschenk, welches der Leser, hat er es ausgepackt, vollenden muss. Dies rückt das Haiku in eine andere Position als romantische Naturlyrik oder engagierte Ökolyrik. Gegenüber romantischer Naturlyrik wird Natur nicht „besungen"; sie ist keine Quelle von Schönheit und Sinn, kein Rückzugsort von einer bedrohten und entfremdenden Welt. Gegenüber engagierter Ökolyrik wird dem Leser keine direkte Aussage zugemutet; Betroffenheit und Kritik nicht unmittelbar ausgedrückt. Das traditionelle Merkmal des Haiku, nicht alles zu sagen, wandelt sich in Zeiten des Anthropozäns zur Forderung: dem Verlust von Natur als stabilem Horizont im zu interpretierenden Rest seinen Ausdruck zu geben. Das Geschenk, das vom Leser vollendet wird, liegt nicht in einem konkret erfahrenen, harmonischen Naturbild. Der gestaltete, gegenwärtige Moment verweist auf Natur als Allgemeines in einer radikal veränderten Gestalt.

Diese Forderung erhält einen besonderen Sinn mit Blick auf den Moment des Gegenwärtigen. Anthropozän und Lyrik (im Allgemeinen) sind miteinander verschränkt, da sich der lyrische Zeithorizont auf eine tiefe Vergangenheit und eine ferne Zukunft ausdehnt. Dieser zeitliche Horizont übersteigt das einstmalige Auftreten und das künftige Verschwinden von Homo sapiens weit. Ein Haiku-Moment dagegen ist ein Moment in der Gegenwart des Dichtenden; sein Zeithorizont liegt quer zu den Zeithorizonten des Anthropozäns. Aber auch hier liegt die Chance, die Stellung des Haiku-Dichtenden zur konkret erfahrenen Natur zu öffnen und zu erweitern. Für ihn ist Raum für „Frieden mit der Natur" (nach Klaus Michael Meyer-Abich) vorhanden, dieser Frieden wird jedoch etwas Herzustellendes, etwas Utopisches und damit ein für das Haiku neues Element. (Verstehe ich Utopie im Sinne des U-Topos, des Nicht-Ortes, des Nicht-Gegenwärtigen.) Dies widerspricht der Forderung des traditionellen Haiku, Gegenwärtig-Konkretes zu gestalten. In Zeiten des Anthropozäns gestaltet sich dieser

Widerspruch als Spannung zwischen gegebener Welt (bedroht und bedrohlich) und der Natur eines U-Topos. Im Haiku lassen sich folglich Spuren zu einem Naturverhältnis legen, welches erst zu erreichen ist.[14]

Zum Abschluss: das Große (eine geologische Epoche) und das Kleine (ein lyrischer Dreizeiler); das Kleine (ein geologischer Begriff) und das Große (die Dichtung): Wer braucht wen? *Warum braucht das Haiku das Anthropozän?* Das Konzept des Anthropozän bringt auf den Punkt, dass das, was ein dichtender „anthropos" wahrnimmt, diesem nicht einfach als Gegebenes gegenübertritt. Das Konzept des Anthropozän verdeutlicht ihm, dass er – auch wenn er sein Begehren, sein Wollen zurücknimmt – im gegenwärtig erfahrenen Moment immer auch sich selbst erkennt. Ohne ein Wissen um die Eigenart der eigenen Epoche erschiene ihm Natur als etwas Unvermitteltes, Naiv-Gegebenes. Seine Dichtung würde zur verklärenden Gartenlauben-Poesie. *Warum braucht das Anthropozän das Haiku?* Es ist nicht „der Mensch", der eine geologische Kraft darstellt, sondern Menschen bestimmter Gesellschaften, welche spät im Holozän aufgetreten sind. Menschen dieser Gesellschaften nehmen auf ganz unterschiedliche Weise Bezug auf das, was sie als „Natur" begreifen. Gesellschaftliche Naturverhältnisse finden ihr Pendant in wissenschaftlichen, politischen und literarischen Diskursen. Haiku als eine Unter-, Unter, Unter-Abteilung kulturellen Schaffens bietet Möglichkeiten, dem Gestaltwandel von „Natur" nachzuspüren, die eigene Stellung zur „Natur" zu bedenken und die Position der Gegenwart neu zu bestimmen. Das Haiku in seiner einzigartigen inhaltlichen Ausrichtung bietet einzigartige Möglichkeiten der Zeugenschaft: das zu bezeugen, was in unserer Gegenwart geschieht.

---

[14]Theodor W. Adorno drückt einen ähnlichen Gedanken in seiner „Rede über Lyrik und Gesellschaft" aus: „Sondern die Versenkung ins Individuierte erhebt das lyrische Gedicht dadurch zum Allgemeinen, daß es Unentstelltes, Unerfaßtes, noch nicht Subsumiertes in die Erscheinung setzt und so geistig etwas vorwegnimmt von einem Zustand, in dem kein schlecht Allgemeines, nämlich zutiefst Partikulares mehr das andere, Menschliche fesselte." (Adorno 1990, 50)

Literatur

- Adorno, Theodor W. (1900 [1974]): Gesammelte Schriften, Band 11. Noten zur Literatur. Frankfurt am Main: Suhrkamp.
- Bayer, Anja/Seel, Daniela (Hg.) (2016): All dies hier, Majestät, ist Deins. Lyrik im Anthropozän. Berlin: kookbooks.
- Crutzen, Paul J./ Müller, Michael (Hg.) (2019): Das Anthropozän. Schlüsseltexte des Nobelpreisträgers für das neue Erdzeitalter. München: oekom.
- Crutzen, Paul J. (2002): „Geology of Mankind", in: Nature 415, S. 23.
- Falb, Daniel (2015): Anthropozän. Dichtung in der Gegenwartsgeologie. Berlin: Edition Poeticon, Verlagshaus Berlin.
- Kainz, Sebastian (2017): „Lyrik im Anthropozän. Herausforderung zur Verantwortung", in: Anselm, S./ Hoiß, C. (Hg.): Crossmediales Erzählen vom Anthropozän, München: oekom. S. 61–80.
- Krusche, Dietrich (1995): Haiku. Japanische Gedichte. München: dtv.
- Renn, Jürgen/Scherer, Bernd (Hg.) (2017): Das Anthropozän. Zum Stand der Dinge. Berlin: Matthes & Seitz.
- Shirane, Haruo (1998): Traces of Dreams. Landscape, Cultural Memory, and the Poetry of Bashō. Stanford/California: Stanford University Press.
- Ulenbrook, Jan (1998): Haiku. Japanische Dreizeiler – Neue Folge. Stuttgart: Reclam.
- Wenzel, Udo (2008): „Lange Schatten. Anmerkungen zu Geschichte und Gegenwart der Haiku-Dichtung", in: Sommergras. Vierteljahreszeitschrift der Deutschen Haiku-Gesellschaft, Jg. 21, Nr. 81.
- Wittbrodt, Andreas (2003): „Das blaue Glühen des Rittersporn. Die Gründungsphase der deutschsprachigen Haiku-Literatur (1953–1962)", in: Sommergras. Vierteljahreszeitschrift der Deutschen Haiku-Gesellschaft, Jg. 16, Nr. 61.

Neue DHG-Mitglieder

Neue Mitglieder in der DHG
im ersten Halbjahr 2020 – alphabetisch zusammengestellt von Thomas Opfermann

Folgende neue Mitglieder heißen wir herzlich willkommen und freuen uns, sie mit zwei eigenen Texten hier an dieser Stelle vorstellen zu können:

Iwa Antonow aus Jena/Thüringen

Blank der Wasserspiegel –
am beschatteten Saum
zupfen Molche.

Höhlenwanderung.
Die funkelnden Wände –
im Ohr Novalis.

Frank Aschoff aus Apfeldorf/Bayern

fund beim netzsurfen
eine kalligrafin
koun duft des regens

trump-eln und trump-eten
sieh auf dem display landet
ein käfer in grüngold

Susanne Backs aus Greifenstein/Hessen

Glühwürmchen suchen
Regenschirme zum Leuchten.
Ist das schon Sommer?

Das unsichtbare
Lächeln der Kuan Yin im Teich
vom Lufthauch verweht.

Michael Deisenrieder aus Fischbach/Bayern

Ins Ohr geflüstert,
wie gut sie tanzt; schon küsst mich
die schöne Fremde.

Bahnhof der Blätter –
wann geht der nächste Wind
?

Matthias Gysel aus Richterswil/Schweiz

Regentropfen
am Geländerlauf fallen
in den Tag

jemand –
in meiner Hand
stirbt seine

Moritz Wulf Lange aus Hamburg

Der Möwenschnabel
zeigt in den Wind – und füllt sich
allmählich mit Sand.

Gras im Dünensand.
Am Strand ragt aus dem Wasser
ein alter Bunker.

Rudolf Leder aus Kehrsatz/Schweiz

bist lichtjahre fern
weilst im fantasialand
ewig warte ich

zwischenzeit zeichnet
zeit zwischen zeitungszeilen
zur zufriedenheit

Thilo Mutter aus Prag/Tschechische Republik

Ich vermisse dich
Worte stillen den Hunger
Wie Zuckerwatte

Unsere Hände
Legen sich ineinander
Jahrzehnte hautnah

Dragan S. Ristić aus Nis/Serbien

Der Abend am Fluss –
wir teilen Gemütlichkeit
mit den Moskitos

Vor dem Luftangriff
lösche ich das Licht aus – doch
leuchtet der Mond

Frank Sauer aus Wolfenbüttel/Niedersachsen

Vor dem Abendfrost
auf Grabwegen gelassen
ans Ende denken

Spätsommer
Lichtspiele durch das Fenster
an die Wand gehängt

Annika Carmen Schmidt aus Berlin

lerche weckt maurer
geflügelte worte
vorm frühschichtbeginn

„offenes fenster"
der name der duftkerze
die eingesperrt bleibt

Haiku: Claudia Brefeld und Foto: Paul Bernhard

HaiQ

von Claudia Brefeld und Thomas Opfermann (wir freuen uns auf Ihre Beiträge. Bitte an: haiq@haiku.de)

Nach der Premiere unserer neuen Rubrik in der letzten Ausgabe sind uns weitere interessante Beiträge zugeschickt worden, die uns ermutigt haben, diese neue Richtung weiter anzubieten. Denn genau dies möchten wir mit HaiQ erreichen: Denkanstöße bieten, Diskussionen anstoßen, die Grenzen des Haiku ausloten … Deswegen an dieser Stelle noch einmal unsere Aufforderung, haben Sie Mut, beteiligen Sie sich mit Beiträgen und/oder Kommentaren, denn nur so können wir das Haiku voranbringen … Gemeinsam!

So möchten wir erst einmal Feedbacks mit neuen Aspekten und Ansätzen sowohl von Klaus Stute (zum Haiku von Anke Holtz) als auch von Maren Schönfeld (zu den Haiku von Angelica Seithe und Traude Veran) vorstellen.

Kommentar von Klaus Stute:

Was löst das folgende Experimental-Haiku von Anke Holtz bei Ihnen aus – wurde im letzten Sommergras in der Rubrik HaiQ gefragt:

mitblinkendemakku
wehwehwehpunktnetdoktorpunktdeeh

Gut, dass nicht auch noch eine Sirene eingebaut wurde – sage ich da mal lachend. In dem blinkenden Akku ist ja schon eine Menge Blaulicht drin.

Nachdem man – auf welchem Fuß auch immer – das Haiku noch geruhsam entziffert hat, geht es auf einmal ganz schnell: Der Doktor bringt Tempo rein. Der blinkende Akku wird auf einmal zum Blaulicht und signalisiert höchste Not. „Wehwehweh" ist im Spiel - vielleicht sogar ein Unfall – und damit höchste Eile angesagt …

Naaa – dann kriegt das „Drama" auf den zweiten Blick doch noch die Kurve: Nicht ein Doktor, sondern ein „Netdoktor" will da – zunächst einmal – konsultiert werden. Bevor der PC sich ins Stromlose abmeldet.

Also alles halb so wild? Hm. Der blinkende Akku beinhaltet ja schon ziemlich gesträubte Nackenhaare, um nicht zu sagen, reichlich erhöhten Puls. Ein kurzer Seitenblick auf Google hat uns ja gezeigt, dass es hier keineswegs um ein PC-Problem geht, das von einem „PC-Doktor" behoben werden muss, sondern hinter dem real existierenden „Netdoktor" verbirgt sich schon so eine Art künstliche Gesundheits-Intelligenz, also Antworten auf ganz viele Fragen, unsere persönliche Gesundheit betreffend. Wir wollen uns also erst mal „schlau machen", bevor wir statt eines besorgten Blickes nur ein mildes Lächeln von einem richtigen Hausarzt bekommen.

Bevor wir der Autorin hypochondrische Ansätze unterstellen müssen oder gar eine Tendenz zu leichter Panik, lassen wir doch schnell noch die Möglichkeit zu, dass der Informationsbedarf gar nicht sie persönlich betraf, sondern einen Dritten …

Aber eine emotionale Aufgewühltheit – also ganz viel Beteiligung – ist schon im Spiel. Von möglicher Angst zu reden, verbietet aber das Haiku selber – durch seine fein konstruierte, also der Realität etwas nachgeholfene Form – und natürlich mit all dem Humor, der erfreulicherweise auch noch mitspielt und die ganze Aufregung schnell wieder zur Ruhe kommen lässt. Es kann sich ja sowieso nur um einen Rückblick handeln, bei dem sich längst alles in Wohlgefallen aufgelöst hat.

Trotzdem: Puhhh!

Und Maren Schönfeld schreibt:

mich
ausfädeln bei dir. Aber
der Faden wird länger und länger

Das Haiku von Angelica Seithe hat mich berührt. Es erinnert an visuelle Poesie, wird doch die Zeile analog zum Faden immer länger. Dennoch ist es keine visuelle Poesie, sondern in der Vereinzelung des Moments – in diesem Fall der Beschreibung eines emotionalen Erlebens – meines Erachtens sehr haiku-mäßig. Der Faden steht für mich als eher unbeachteter Gegenstand neben Issas ebenfalls ansonsten wenig bedichteten Insekten, als metaphorischer Gegenstand, der durch das Gedicht in den Fokus rückt. Nach der Lektüre des Haiku hatte ich eine Näharbeit zu tun und habe den Faden tatsächlich anders betrachtet. „Sekunden-Haiku" empfinde ich als sehr schöne Bezeichnung, das könnte ein Obertitel für eine ganze Haiku-Gattung sein.

das word rinnt up
das wort rapped in
wrapped in worte
orte

Der Beitrag von Traude Veran ist ebenfalls spannend, weil hier verschiedene Komponenten zusammenkommen: Zwei Sprachen gehen ineinander, und es handelt sich um eine Konstellation statt um Verse. Letzteres erinnert an die konkrete Poesie. Das Ineinandergreifen englischer und deutscher Reime kann man bei Peter Rühmkorf schon studieren, hier fließt allerdings noch das ein, was man als Mensch mittleren Alters für Jugendsprache hält, außerdem hat das Ganze einen slammigen Sound. Ob es sich in den weiteren Themenkreis Haiku einordnen lässt, vermag ich nicht einzuschätzen. Dagegen spricht, dass das Haiku eigentlich ohne Wortspiele und in einer einfachen Sprache verfasst werden soll. Hier liegt jedoch ein scharf geschliffenes Sprachspiel vor – ich habe es unabhängig von der Kategorisierungsfrage gern gelesen.

Mit folgendem Dreizeiler lässt uns Maren Schönfeld an ihren eigenen „Grenzerfahrungen" teilhaben:

All ohne tag
allein in der Zeit
alloffen

Die augenfällige Wiederholung des Wort(bestandteil)s „all" lässt sich nicht übersehen; wie empfinden Sie diese Wiederholung? Und was hat Frau Schönfeld zu eben dieser bewogen?

Mich hat, wie man erkennen kann, der Wortteil ‚all' in seinen verschiedenen Bedeutungen interessiert. Als konkrete Poetin reizte mich die Konstellation mehr als der Vers. Der Text entstand in meiner ersten Haiku-Phase, als ich Grenzübertretungen ausprobierte und versuchte, die konkrete Poesie mit dem Haiku zu kreuzen.

Emoticons sind aus der heutigen digitalen Welt mit PC, Laptop, Tablets und Smartphone nicht mehr wegzudenken. Das klassische Smiley war hier nur der Anfang ☺… Was aber für SMS, WhatsApp & Co. durchaus taugt, macht das auch im Haiku Sinn? Kürze zeichnet ja sowohl digitale Kurznachrichten als auch das Haiku aus…

Schauen wir, wie sich **Annika Carmen Schmidt** mit diesem Thema auseinandergesetzt hat:

kramermarktherbst
von den umzugswägen
zu süßer regen :)

Es reimt sich mein HaiQ, und es weiß um seine Regelwidrigkeit. Zu süß sind die von Umzugswägen geworfenen Bonbons und zu kurz ist das Sättigungsgefühl durch sie; wie eben auch manchmal der Endreim zu kitschig, zu klebrig und sein Nachhall zu kurz sein kann.
Dann ein Lachen geformt aus Zeichen. Ein Lektor würde es vielleicht streichen. Der Computer meist per Autokorrektur einen Smiley an seine Stelle setzen. Doch das Lachen hat hier seinen Platz. Es spricht zur Leserin/zum Leser. Ich, das Lachen (das Haiku) weiß darum, dass Zucker ungesund ist und dass sich ein Haiku nicht reimen sollte. Ich weiß, dass wir – das Zeichensetzungs-Lachen und der Reim – nicht hierher gehö-

ren. Aber schau: Wir sind da und tun keinem weh. Vielleicht bringen wir sogar jemanden zum Lachen, vielleicht Dich?

Wer um Regeln in der Kunst weiß, darf sie brechen. Muss sie manchmal brechen. Denn Kunst fängt manchmal erst dort an, wo sie wehtut oder zu süß – ein unerhörtes Vergnügen, ein zu süßer Regen – ist. Ab und zu muss ein Endreim, ein Emoticon, ein Bonbon im Haiku erlaubt sein;). Und ist ein Zwinkern im Haiku nicht doch wieder herrlich traditionell?

Und als letztes möchten wir noch ein weiteres Haiku vorstellen, das uns **Saskia Ishikawa-Franke** zugeschickt hat:

Zoom …
Vaters Abschied.
Mein Baby lächelt.

Wie sieht es mit der neuen Alltagssprache aus, in der Neologismen Einzug halten oder mit Anglizismen durchsetzt sind? Sind sie haiku-tauglich? Schreiben Sie uns Ihre Ansicht und/oder schicken Sie uns Beispiele zu diesem Thema! Wir denken (um es mit Theodor Fontanes Worten auszudrücken), „es ist ein weites Feld", auf dem es viel auszuloten gilt, denn die Verschiedenheit ist ja auch gleichzeitig bereichernd!

Auswahlen

Die Haiku- und Tanka-Auswahl September 2020

Es wurden insgesamt 275 Haiku von 102 Autoren und 63 Tanka von 25 Autoren für diese Auswahl eingereicht. Einsendeschluss war der 15. Juli 2020. Diese Texte wurden vor Beginn der Auswahl von mir anonymisiert.

Jedes Mitglied der DHG hat die Möglichkeit, eine Einsendung zu benennen, die bei Nichtberücksichtigung durch die Jury auf einer eigenen Mitgliederseite veröffentlicht werden soll.

Eingereicht werden können **nur bisher unveröffentlichte Texte** (gilt auch für Veröffentlichungen in Blogs, Foren, inklusive der Foren auf HALLO HAIKU, sozialen Medien und Werkstätten etc.).

Bitte keine Simultan-Einsendungen!

Bitte **alle** Haiku/Tanka **gesammelt in einem Vorgang** in das Online-Formular auf der DHG-Webseite HALLO HAIKU selbst eintragen:

https://haiku.de/haiku-und-tanka-auswahl-einreichen/

Ansonsten per Mail an:
auswahlen@deutschehaikugesellschaft.de

Der nächste Einsendeschluss für die Haiku-/Tanka-Auswahl ist der 15. Oktober 2020.

Jeder Teilnehmer kann bis zu **sechs** Texte – **drei** Haiku und **drei** Tanka – einreichen.

Mit der Einsendung gibt der Autor/die Autorin das Einverständnis für eine mögliche Veröffentlichung auf http://www.zugetextet.com/ sowie für eine mögliche Vorstellung auf der Website der Haiku International Association.

Haiku-Auswahl der HTA

Die Jury bestand aus Reinhard Dellbrügge, Deborah Karl-Brandt und Helga Schulz-Blank. Die Mitglieder der Auswahlgruppe reichten keine eigenen Texte ein.

Alle ausgewählten Texte – 41 Haiku von 32 Autoren – werden in alphabetischer Reihenfolge der Autorennamen veröffentlicht. Es werden max. zwei Haiku pro Autor aufgenommen.

„Ein Haiku, das mich besonders anspricht" – unter diesem Motto besteht für jedes Jurymitglied die Möglichkeit, bis zu drei Texte auszusuchen (noch anonymisiert), hier vorzustellen und zu kommentieren.

Da die Jury sich aus wechselnden Teilnehmern zusammensetzen soll, möchte ich an dieser Stelle ganz herzlich alle interessierten DHG-Mitglieder einladen, als Jurymitglied bei kommenden Auswahl-Runden mitzuwirken.

Eleonore Nickolay

Ein Haiku, das mich besonders anspricht:

Spielende Kinder
Der alte Mann auf der Bank
Ballt die Fäuste
Hartmut Fillhardt

Welch eine Szene! Hier die wahrscheinlich friedlich spielenden Kinder, dort der alte Mann, mit sich selber im Unfrieden. Was veranlasst ihn, die Fäuste zu ballen? Was geht in ihm vor? Verabscheut er die Kinder und ihr vielleicht lautes Spiel, oder ist er ihnen zugetan? Ist er aggressiv gestimmt, möglicherweise bösartig, oder ist er verzweifelt? Welche Rolle spielt seine persönliche Geschichte? Welche Erinnerungen, Erfahrungen, Wünsche, Sehnsüchte, Enttäuschungen finden ihren Ausdruck in seiner heftigen, aber nicht ostentativen, eher heimlichen Geste?

Ein gelungenes, spannungsvolles Haiku, das dem Spiel der Assoziationen ein weites Feld eröffnet.

Ausgesucht und kommentiert von Reinhard Dellbrügge

Vor zwanzig Jahren
dachte ich ans Alter mit
aller Zeit der Welt.
Jan C. Weck

Ein ungewöhnliches Haiku, auf den ersten Blick besonders in formaler Hinsicht. Es besteht aus einem vollständigen Satz, weist also nicht den üblichen Einschnitt auf, die Zweiteilung, die im Japanischen durch ein Schneidewort und im Deutschen oft durch einen Gedankenstrich markiert wird. Zudem hält es sich exakt an das nicht mehr häufig angewandte Schema von 5-7-5 Silben.

Mit diesen beiden formalen Gegebenheiten sind zwei Gefahren verbunden. Die erste besteht darin, dass die Zeilensprünge von der Silbenzahl diktiert werden, anstatt sich an der rhythmischen Struktur des Haiku auszurichten. Die zweite Gefahr ergibt sich aus dem Fehlen der Zweiteilung, durch welche ein Kontrast erzeugt wird, eine Spannung, die einem einteiligen Haiku abgehen könnte.

Um es gleich vorwegzunehmen: Das satzförmige Haiku zeigt sich den Gefahren gewachsen. Die Zeilensprünge sind rhythmisch sinnvoll, der zweite erzeugt sogar eine leichte erwartungsvolle Gespanntheit. Und wie löst das Haiku das Kontrast- bzw. Spannungsproblem? Dies geschieht gänzlich auf der inhaltlichen Ebene. Das Verständnis des Haiku verlangt vom Leser einen Aspekt- bzw. Perspektivenwechsel. Die erste Lesart: Vor zwanzig Jahren glaubte ich alle Zeit der Welt zu haben, d. h. das Alter war sehr fern, kaum relevant. Die zweite Lesart: Vor zwanzig Jahren dachte ich mit einer gewissen Vorfreude, im Alter (als Rentner) hätte ich alle Zeit der Welt. Dieser Spannung erzeugende Kontrast zwischen zwei Deutungen stellt zugleich den Kontrast zwischen zwei Illusionen dar – womit sich zuletzt eine existenzielle Dimension auftut. Chapeau!

Ausgesucht und kommentiert von Reinhard Dellbrügge

Herzschlag
da bist du
ja wieder

Hans-Jürgen Göhrung

Beim Lesen gestolpert. Zu schnell gelesen, noch mal lesen. Diesmal langsamer. Spüren, wie sich Begeisterung ausbreitet.

Warum der Herzschlag stolpert, ausbleibt, wird nicht erzählt. Vielleicht ist ein Kind verschwunden. Eben noch hat es unsere Hand gehalten. Nun ist es in der Menschenmasse verloren gegangen. Die Hitze steigt den Hals hinauf, das Herz schlägt bis in unsere Kehle, Schweiß bricht aus. Da endlich, gleich neben dem Brunnen, entdecken wir es, wo es selbstverloren mit dem Wasser spielt.

Vielleicht warten wir sehnsüchtig am Bahnhof. Zu lange waren wir voneinander getrennt. Der Zug fährt ein, Menschen strömen hinaus und füllen den Bahnsteig, streben dem Ausgang zu, verschwinden, der Strom der Reisenden tröpfelt nur noch, und unsere Zweifel wachsen. Wenn doch noch etwas schief gegangen ist? Dann erspähen wir es, das vertraute Gesicht. Endlich!

Vielleicht lauschen wir ängstlich hinein in die eigene Brust. Der vertraute Rhythmus hat ausgesetzt, unser Leben steht still, dann schließlich ein Schlag und noch einer und noch einer. Wir atmen erleichtert aus. Und merken erst jetzt, dass wir die ganze Zeit den Atem angehalten haben.

Dieses Senryu benötigt nur wenige Worte (mit nur 8 Silben), aber mehr braucht es gar nicht, um verschiedene Bilder vor unserem inneren Auge entstehen zu lassen. Die gewählte arhythmische Textform unterstreicht die Aussage der Worte vorzüglich: Sie lässt uns als Leser beim Lesen stolpern, ebenso wie das Herz im Gedicht. Fragment und Phrase sind klar erkennbar. Jedes Wort ist nötig, selbst das „ja" in der dritten Zeile. Erst so werden die Erleichterung und das Erstaunen, dass nochmal alles gut gegangen ist, für den Leser nachvollziehbar. Das gewisse Etwas, der leere Raum, auf den wir als Leser selbst eine Antwort finden müssen, bleibt gewahrt.

Auch wenn es zunächst unscheinbar wirkt, dieses feine Gedicht, hat es doch große Kraft, gerade weil es sich existentiellen menschlichen Erfahrungen wie Verlust und Wiederfinden, Tod und Leben widmet.

Ausgesucht und kommentiert von Deborah Karl-Brandt

Entdeckung –
ihr Schatten
winkt zurück
Gérard Krebs

Mich hat dieses Haiku angesprochen – allerdings erst beim zweiten oder sogar dritten Lesen. Vielleicht hätte es mich nicht angesprochen, wenn ich nicht folgendes Erlebnis mit meiner Enkelin gehabt hätte:

Vor ein paar Jahren, als sie noch kleiner war, ca. 3 Jahre alt, gingen wir beide mit dem Hund bei Sonnenschein spazieren, winkten der Nachbarin zu. Die Enkelin entdeckte sich plötzlich im Schatten auf dem Gehweg und war begeistert, vor allem über die Bewegung des Winkens. Beim Hund wackelten die Ohren, das fiel der Enkelin erst im Schattenbild auf. Sie hüpfte vor Begeisterung, betrachtete ausgiebig die Ohren des Hundes, sie hatte die Bewegung vorher nicht bemerkt. Wir spielten ausgiebig mit unseren Schattenbildern.

Ich gehe davon aus, dass es eine Beobachtung des Verfassers war. Meine Haiku sind für mich wie Tagebucheinträge, ich sehe beim Lesen auch nach Jahren die Situation genau vor mir.

Ausgesucht und kommentiert von Helga Schulz-Blank

Die Auswahl

Geburtstag
in Videokonferenz
die Gäste

Christa Beau

Den Rückspiegel ziert
eine Corona-Maske
statt Christophorus.

Thomas Berger

Freundinnentreff
wie sie lachen, die Münder
auf den Masken

Claudia Brefeld

innehalten
mein Schatten aufgehoben
in dem der Linde

Horst-Oliver Buchholz

ein Spatzenschwarm
vertont
das Chaos

Beate Conrad

fast Vollmond
vom Traum geblieben
das zerwühlte Laken

Hildegard Dohrendorf

gesichtshälften
mit rätselhaften augen
im blickkontakt

Hans Egerer

Sonntagmorgen
im Prachtbrunnen schwimmen
die Reste der Sommernacht

Winfried Benkel

Grenzpatrouille
ein Vogelschatten
quert die Mauer

Claudia Brefeld

zurück vom Begräbnis
Äpfel ernten
für einen langen Winter

Horst-Oliver Buchholz

Zen Retreat –
ich vertiefe mich in den Atem
der Klosterkatze

Caroline Christen

abnehmender Mond
den Eisprung
verpasst

Frank Dietrich

tunnel unter der sandburg
die hand des anderen
königs

Bernadette Duncan

Spielende Kinder
Der alte Mann auf der Bank
ballt die Fäuste

Hartmut Fillhardt

Herzschlag
da bist du
ja wieder
    Hans-Jürgen Göhrung

asche
alles was blieb
ein murmeln im wind
    Gregor Graf

die Leere
zwischen den Zeilen
so dicht
    Matthias Gysel

Sturmwind
ich blase die Backen auf
bei seiner Frage
    Birgit Heid

Glückssträhne
in meinem Haar
seine Hände
    Anke Holtz

nur Freundschaft –
heimlich küsst sie
sein Profilbild
    Angelika Holweger

Heuernte
in der Fremde
der Duft meiner Kindheit
    Petra Klingl
Aus dem Weizenfeld

Abschied
Ich laufe auf der Brücke
der Erinnerung
    Hans-Jürgen Göhrung

spazieren
hand in hand
beinah wie früher
    Gregor Graf

nach all den Jahren
ein Brief – Vater beschirmt
die Augen
    Gabriele Hartmann

Klettersteig
wie lange sie noch dauert
die Antwort
    Birgit Heid

Ausgangssperre
im Baum die Spatzen
streiten
    Anke Holtz

dein Atem
die Nacht
voller Blüten
    Angelika Holweger

Entdeckung –
ihr Schatten
winkt zurück
    Gérard Krebs
Demenzstation –

erhebt sich kurz die Lerche
und taucht wieder ein
Reinhard Lehmitz

Auf dem Gartenweg
die silbrige Schneckenspur
abgebrochen
Sigrid Mertens

Sicherheitsabstand
der freie Stuhl gegenüber
für den Spatz
Eleonore Nickolay

letzte ausfahrt
hundertfünfzig motorräder
richtung friedhof
Sonja Raab

Morgensonne
mein Schatten
übt Qigong
Evelin Schmidt

der Zauberkünstler
verrät seinen Trick
Eva Limbach

Die Speisenfolge
von heute
auf seinem Hemd
Sigrid Mertens

leeres blatt
in meinen gedanken
das nichts
Sonja Raab

Käfer
auf dem Rücken - ich
kann mich nicht bücken
Sebastian Salie

Patientenverfügung –
ihr Apfelbaum noch
voll von Äpfeln
Angelica Seithe

margeritenwiese – ich höre meine kinderstimme
Helga Stania

Im Duft der Linden
gehen unsere Schatten
von Grab zu Grab
Beate Waszner

Coronavirus
lächeln lernen
nur mit den Augen
Klaus-Dieter Wirth

Tanka-Auswahl der HTA

Silvia Kempen und Peter Rudolf wählten sieben Tanka von sechs Autoren aus.

„Ein Tanka, das mich besonders anspricht" – unter diesem Motto werden Texte vorgestellt und kommentiert.

Ein Tanka, das mich besonders anspricht

> wenn ich groß bin
> werde ich Schuhe kaufen
> – sagt mein Töchterchen –
> rote Schuhe
> rote Schuhe, die mir passen
>
> **Gabriele Hartmann**

Der erste Gedanke: „Der Zauberer von OZ" und die roten Schuhe von Dorothy Gale, die magische Kräfte besitzen und sie wieder nach Hause bringen. Oft weiß man etwas erst zu schätzen, wenn man es verloren hat.

„Wenn ich groß bin, werde ich ..." – Wer hat in seiner Kindheit diesen Satz nicht gesagt und von einer Zukunft als Tänzerin, Schauspielerin, Model oder im Falle der Jungen von einer Zukunft als Feuerwehrmann, Pilot oder dergleichen geträumt.

Früher wünschten sich viele Mädchen rote Lackschuhe, heutzutage vielleicht eher glitzernde pinkfarbene Schuhe.

Vielleicht hat die Mutter rote Schuhe, in die das Töchterchen manchmal schlüpft, viele kleine Mädchen tun das. Sie fühlen sich dann besonders und fangen an zu träumen. Träume gehören zum Leben und besonders für Kinder sind sie wichtig, und manchmal werden Träume wahr.

Nun könnte man kritisieren, dass das Wort Schuhe gleich dreimal vorkommt. Aber auf mich wirkt das wie eine Weiterentwicklung. „wenn ich groß bin / werde ich Schuhe kaufen" – das tun viele Frauen im Übermaß. Aus der Sicht des Töchterchens müssen es *rote Schuhe* sein, weil es die besonders schön findet. Und sie sollen nicht nur rot sein, sondern auch noch passen. So sieht das Mädchen seine Zukunft. Ein überaus positives Denken, das bestimmt hilft, so manche Schwierigkeiten zu meistern.

Ausgesucht und kommentiert von Silvia Kempen

Die Auswahl

im Baumwipfel
eine Hand voll
Himmel
da hinein hänge ich
meine Gedanken
Claudia Brefeld

Spätnachrichten
unsere Kriege
reisen
mit Lichtgeschwindigkeit
zu den Sternen
Frank Dietrich

himmel und hölle
in den fresken
der basilika –
die rufe
der mauersegler ...
Ruth Guggenmos-Walter

wenn ich groß bin
werde ich Schuhe kaufen
– sagt mein Töchterchen –
rote Schuhe
rote Schuhe, die mir passen
Gabriele Hartmann

alles was ich
in diesem Frühjahr pflanzte
welk und verblüht
und dennoch freu ich mich wie
ein Kind auf den ersten Schnee
Eva Limbach

und wieder fragst du
ob Gott wirklich existiert
wart noch ein wenig
wenn im Frühling der Schnee schmilzt
werden wir es wissen
Eva Limbach

Ein Sonnenstrahl zeichnet in
der trockenen Luft
seinen Weg durch das Zimmer.

Das Licht meidend suche ich
meinen verlorenen Traum.

Alexander Strestik

Nachtrag zur HTA-Auswahl aus SOMMERGRAS 129

(Jonathan Perry ist mit der Veröffentlichung dieses Beitrages einverstanden)

ein wenig ragen sie noch
deine Flügel
Feuerkäfer
aus der zu Eis
erstarrten Wasserlache!

Jonathan Perry

Zunächst einmal hat mich dieses Tanka sehr angesprochen. Faszinierend fand ich die unwillkürliche Assoziation von Leben und Tod durch den Gegensatz Wasser und Feuer. Doch bei genauerem Hinsehen sind mir Details aufgefallen, die die Wirkung des Textes negativ beeinflussen.
Feuerkäfer habe ich eher klein in Erinnerung, da passt das Wort „ragen" irgendwie nicht. Fällt der eingefrorene Käfer überhaupt auf, wenn dann vielleicht durch seine rote Farbe. Meine Zweifel waren geweckt und ich beschloss, mich im Internet über Feuerkäfer zu informieren. Die Käfer werden 14 bis 18 mm lang. Ich denke, das würde noch auffallen, wenn die Eisfläche glatt ist. „Brände sind die einzige Vermehrungschance der Feuerkäfer" Die Larven würden in lebendem Holz zerquetscht oder durch das Harz getötet werden. Die Käfer haben Sensoren, die Temperaturveränderungen bis 50 km Entfernung orten, und wissen so, wo es brennt. Die Larven des Feuerkäfers überwintern und entwickeln sich dann im Frühling.

Die adulte Form lebt nur zur Fortpflanzung von Mai bis Anfang Juli. Kann es da sein, dass Feuerkäfer in einer Wasserlache einfrieren?

Meint der Autor oder die Autorin gar nicht den Feuerkäfer, sondern die Feuerwanze, die im Volksmund fälschlicherweise als Feuerkäfer bezeichnet wird? Das war mir vor meinen Recherchen nicht bekannt. Feuerwanzen überwintern, sie können sogar Temperaturen bis -10° Celsius überleben. Sie sind jedoch noch kleiner, nämlich 6,5 – 12 mm.

Auf einer Seite zum Kartenlegen ging es um eine Feuerwanze, und ich fand folgenden Satz: „Nimm dir ein Beispiel an mir. Auch mich erkennt man oft nicht wirklich, denn man hält mich oft für einen Käfer, obwohl ich eine friedliche, jedoch recht aktive Wanze bin." Es ging darum, dass man sich selbst annehmen soll, so wie man ist. Stünde in dem Tanka also Feuerwanze statt Feuerkäfer, könnte ich mich in diesem Zusammenhang auch mit dem „ragen" anfreunden. Bleibt noch die Größe, aber wenn man genau hinsieht, ist das vielleicht möglich.

Aufgrund dieser Unstimmigkeiten haben wir das Tanka nicht in die Auswahl genommen.

Ausgesucht und kommentiert von Silvia Kempen

Sonderbeitrag von René Possél

René Possél hat aus allen anonymisierten Einsendungen ein Haiku ausgesucht, das ihn besonders anspricht.

innehalten
mein Schatten aufgehoben
in dem der Linde
   Horst-Oliver Buchholz

Ein Haiku, das auf verschiedenen Bedeutungsebenen gelesen werden kann!

Auf einer ersten Ebene wird zunächst ein Vorgang der Abkühlung genannt:

Da hält einer (auf der Wanderung) inne und begibt sich zur Erholung von der Hitze der Sonne in den kühlen Schatten eines Baumes, einer Linde.

Aufmerken lässt allerdings hier schon die Formulierung in der zweiten Zeile: „mein Schatten aufgehoben" – als ginge es nicht nur um die Schattenkühle des Baumes: „in dem (Schatten) der Linde". Mit der Erwähnung des Schattens der eigenen Person ist eine zweite, tiefere Ebene angesprochen.

„Der Schatten" ist (in der Analytischen Psychologie nach C.G. Jung) ein Begriff für die (widerstrebenden bzw. verdrängten) dunklen Anteile der eigenen Persönlichkeit – in der Umgangssprache sinnig „Schattenseiten" genannt.

Eine zusätzlich spekulative Bedeutung ist dem Wort „aufgehoben" eigen. Dazu muss ich G. W. F. Hegel bemühen, den Philosophen des deutschen Idealismus. Er versteht den Begriff „Aufhebung" dialektisch in dreifacher Bedeutung: 1. Aufhebung im Sinne von Beendigung, Überwindung (lateinisch „negare"); 2. Aufhebung als Aufbewahrung, Erhaltung eines Phänomens (lat. „conservare"); und 3. schließlich Aufhebung als Erhöhung in eine höhere Stufe (lat. „elevare").

Dass der eigene Schatten im Schatten einer Linde gut „aufgehoben" ist, verweist 3. auch auf die mythologische Bedeutung dieses Baumes. Bei den Germanen war die Linde der Göttin Freya geweiht – der Göttin der Liebe, des Glücks und der Geborgenheit. Wer also im Schatten der Linde seinen eigenen Schatten aufgehen lässt, merkt nicht nur Kühlung. Er ahnt vielleicht unbewusst, dass im Umkreis der Liebe zuletzt die eigenen Schatten-Seiten „aufgehoben" sein können, d. h. sowohl beendet als auch bewahrt, ebenso integriert wie erhöht …

Ich weiß nicht, ob mir Autor/Autorin des Haiku oder Leser/-in auf alle Ebenen der Deutung dieses Gedichtes folgen mögen. Es muss nicht alles intendiert sein. Man muss innehalten, um in einem Haiku tiefere Bedeutungen zu entdecken.

wenn die Stimme trägt

das eine Wort

Haiga: Christof Blumentrath

Mitgliederseite

Jedes Mitglied der DHG hat die Möglichkeit, eine Einsendung zu benennen, die bei Nichtberücksichtigung durch die Jury der Haiku- und Tanka-Auswahl auf dieser Mitgliederseite veröffentlicht werden soll.

eine libelle
umkreist den marktbrunnen
setzt sich auf mein buch

Sylvia Bacher

hinter der Maske
ihr Lächeln
durchschneidet den Stoff

Winfried Benkel

Stolpersteine
am Nebenhaus
Vorsicht wachsamer Nachbar

Martin Berner

Der Wind tröstet die
Trauerweiden am Ufer
und richtet sie auf

Mait Buttgereit

heimlich pflück ich
die Kindheit vom einst verbotenen
Kirschbaum des Nachbarn

Michael Deisenrieder

systemrelevant
in tierparks langweilen sich
affen und tiger

Beate Fischer

Weiches, mildes Licht,
Sonne im Morgennebel,
erstes Vogellied.

Elke Bannach-Hoffmann

Margeritenweiß,
befleckt durch Schmeißfliegenglanz –
Sinnbild des Lebens.

Thomas Berger

Sie schläft?
Beim Vorlesen dieses Haiku.
Meine Gattin!

Werner Buschmann

im hohen Grasfeld
es waren deine Schritte
versiegeltes Lied

Verona Costache

klare Sommernacht
der kleine Wagen zuckelt
hinter dem Großen her

Hildegard Dohrendorf

Sommerwolken:
ein rennendes Küken
verfließt ins Grau …

Loretta Gaukel

Voller Mond
auf der Rückseite der Welt
sammelt sich Staub
Hans-Jürgen Göhrung

Haiku-Lesung
der Alte im Lehnstuhl
nörgelt
Wolfgang Gründer

Ihr Absturzbericht
vom Kneipentresen
wurde nicht gesendet
Taiki Haijin

geblieben
von ihrem Sommer –
Ringelblumen
Claus Hansson

hat wind bekommen –
während ich ruhe wünschte
für unser projekt
Bernhard Haupeltshofer

Notenblätter
warten fordernd
im Schlaf die Saiten gezupft
Ute Kassebaum

Vogel hell zwitschert
zita, zita, zita
davon fliegt schnell
Hildegard Korsten

fliegen
wie ein sperling
würde mir genügen
Gregor Graf

klosterkirche –
hinter butzenscheiben
spielen schatten und licht ...
Ruth Guggenmos-Walter

Sehnsucht
an ihr Herz gedrückt
Mutters Bild
Erika Hannig

Regen setzt ein
wir verlassen den Opferplatz
mit leeren Händen
Gabriele Hartmann

Die Schwiegertochter,
sie strahlt und strahlt täglich mehr,
im siebten Monat.
Manfred Georg Karlinger

An der Koppel
jemand kommt
erzählt mir was vom Pferd
Petra Klingl

mondhell die nacht
vor der terrasse im gras
lautlos ein igel
Renate Küppers

wenn wenn weg wäre
wäre wahrlich weniger
weltweiter wahnsinn
Rudolf Leder

weiße Hortensien
wir benennen unsere Ängste
Ramona Linke

vor dem Konzert
Zuschauergemurmel
unisono
Ingrid Meinerts

es rauschen
die ähren im feld
flüstern brot
René Possél

Brombeerduft
Auf deinen Lippen
Der letzte Kuss
Renate Maria Riehemann

im bachbett konzert -
wasser spielt auf steinen
und die mücken tanzen
Theo Schmich

Fundstück
im ausgelesenen Buch
deine Handschrift
Evelin Schmidt

Im Licht des Morgens
erwachen Pfirsichblüten
Dazu kräht ein Hahn
Reinhard Lehmitz

Blauer Sommertag
leis' erklingt – der Harfe Spiel –
träume nie allein.
Erich Meyer

Beklagt ein Haiku
Die Schwalben, die fehlen,
Geliebter Sichelmond?
Rainer Randig

Gesunkenes Boot
Salz durchtränkt Algen bedeckt
Geister auf dem Grund
Frank Sauer

marsnachrichten
regierung beschließt aufnahme
erdgeflüchteter
Annika Carmen Schmidt

Achtung, Eichhörnchen!
Er kommt lautlos geflogen
der Eichelhäher
Maren Schönfeld

Töne huschen durchs
Gezweig, umwinden Äste.
Feiertag im Land
Hildegund Sell

Morgenrot; Im Kampf
gegen die Nüchternheit der
Träume vergossen Blut
Alexander Strestik

Mittsommernacht
im See treibt
ein Jungfernkranz
Franz-Josef Talarczyk

Atelierbesuch
auf die alte Staffelei
fällt das Sommerlicht
Ingrid Töbermann

Wie Bischofsstäbe
die gerollten Triebe
zartjunger Farne.
Christa Wächtler

Äpfel vom Vorjahr
Gären in der Sonne
Faulig süß
Sulamith Sommerfeld

die tage ziehen
ins land – ich wandre nicht mehr
mit meinem hund
Tanja Sulzberger

Morgenlicht leuchtet.
Die Mohnblüte blüht strahlend
ihr kurzes Leben.
Angela Hilde Timm

Gewittersturm
Birken tanzen mit dem Wind
die alte Eiche stirbt
Erika Uhlmann

Mehltau und Läuse
Marderlosung auf dem Weg
und doch - noch ein Jahr!
Birgit Wendling

Dieses Tanka wurde versehentlich nicht in Sommergras 129 abgedruckt:

Es schafft die Menschen.
Das Virus ist wie ein Krieg!
Kein Ende in Sicht.
Läden, Schulen, Kitas dicht
dazu die Wirtschaftskrise.

Christa Wächtler

Haiga: Gabriele Hartmann

Bei allen Beiträgen (inklusive Haiga) bitte keine Simultaneinsendungen.

Die Auswahl der folgenden Texte ebenso wie alle in dieser Ausgabe abgedruckten Haiga erfolgte durch Horst-Oliver Buchholz, Ramona Linke, Eleonore Nickolay, Claudia Brefeld und Thomas Opfermann.

Bei eigenen Einreichungen enthalten sich die Redaktionsmitglieder ihrer Stimme, Diskussion und Wertung.

Gerne verstärken wir unsere Jury in jeder Ausgabe um eine wechselnde Gaststimme. Wir laden alle DHG-Mitglieder ein, sich hierzu bei der Redaktion unter redaktion@deutschehaikugesellschaft.de zu melden!

Haibun

Christof Blumentrath

VERWANDLUNGEN

Brennpunkt
der Weise präsentiert
ein Bündel Fragen.

Nahezu menschenleer, unsere kleine Stadt. Mein Frisör steht im Eingang seines Salons und lüpft den Mundschutz, um zu rauchen. Seine schwarzen Augen lächeln mich an. Ich winke ihm zu.

der große Platz
von der Leere
verschluckt

Noch immer trage ich tapfer meine Coronafrisur. Für diese plötzliche Krise gut präpariert und mit dem Mut der Verzweiflung verstecke ich sie zumeist unter einer dieser Tweed-Kappen, wie sie auch die Jungs trugen, die in den dreißiger Jahren ihre rotzverschmierten Gesichter in die Kamera hielten, während sie hinter der Fischfabrik geklaute Äpfel gegen eine Zigarette tauschten. Meine Metamorphose verlangt darüber hinaus nach weit geschnittenen Hosen mit Taschen, in die man seine Hände und allerlei nützliche Dinge sehr tief versenken kann. Das Bein gern zu kurz. ‚Hochwasser' nannten wir das früher. Auch die ausgetretenen Schnürstiefel mit durchgelaufenen Sohlen, natürlich schwarz, welche unabdingbar dazugehören, mag ich gern. Eine schwere Wolljacke, mit eckigen Schultern und aufgestelltem Kragen à la James Dean, macht aus mir einen glücklichen Mann. Leider ist sie mir momentan zu warm. Aber in diesem Frühjahr kommt es eh nur auf die Kopfbedeckung an. Mein Frisör winkt zurück.

vor dem Regen
der Duft
von Regen

Winfried Benkel

Stadtgottesacker

Scheinbar bin ich der Einzige hier auf dem alten Friedhof, der von hohen Außenmauern umgeben ist. Die Maisonne, die zwischen den dicht stehenden Laubbäumen an einigen Stellen bis zur Erde strahlt, verleiht der Stille eine friedliche Atmosphäre. Mit seinen vielen Schwibbögen auf allen Seiten, die nach innen geöffnete Arkaden bilden, wirkt der Stadtgottesacker auf mich wie ein Refugium, in das man sich zurückziehen und neue Energie tanken kann. Besonders hat es mir hier eine Skulptur angetan. Sie steht auf einem kleinen Sockel in einem schlichten Gewand, das bis zu ihren nackten Füßen reicht. Alles an dieser weiblichen Skulptur ist schon von Verwitterung gezeichnet. Das Gesicht kaum erkennbar, die Hände abgebrochen, doch die Figur beeindruckt mich zutiefst. Nach einer Weile gehe ich mit diesem Bild im Kopf zum Torturm, dem Ausgang des Friedhofs. Dort kommt mir eine ältere Frau entgegen. Wir grüßen uns freundlich. Offensichtlich freut sich hier jeder, wenigstens noch einen Lebenden zu treffen. Es folgt ein kurzer Gedankenaustausch. Und als ich beiläufig Händel erwähne, sagt sie, dass sie mir den entsprechenden Gruftbogen mit dem Reliefporträt zeigen könne. Ich willige ein und gehe zurück mit ihr. Auf dem Weg dorthin erzählt mir die Frau, dass sie vor dem Tod ihres Mannes einen kleinen Zettel in seiner Jackentasche fand, worauf stand: Stadtgottesacker. Sie zeigt mir den Bogen von Händel und dann den mit der Tafel ihres Mannes. Nach dieser herzlichen Begegnung verabschieden wir uns und ich verlasse den Friedhof.

Ein Jahr später.

Anlass für meine weite Reise war ein Event, das zufällig in der Nähe vom Stadtgottesacker stattfand. Und wieder zieht es mich zu diesem Friedhof. Da steht sie noch immer, die namenlose und verwitterte Skulptur mit dem schlichten Gewand, barfuß. Es scheint, als würde sie ewig warten wollen. Auch schaue ich noch schnell zu einigen Grabbögen. Doch was sehe ich da? Eine frisch beschriebene Tafel mit einem weiblichen Vornamen und dem gleichen Nachnamen, den mir vor einem Jahr die ältere Frau von ihrem Mann zeigte. Erschrocken halte ich inne … Dann gehe ich noch einmal an meiner bewunderten Skulptur vorbei, die mit dem schlichten Gewand und den abgebrochenen Händen und verlasse entschlossen den Friedhof.

Stadtgottesacker
sie lässt mich nicht los
die Frau ohne Hände

Horst-Oliver Buchholz

Am Meer stehen, schauen, und nichts weiter mehr wollen, als nur dies: am Meer stehen.

von wo ich kam
die Boote vertäut
… Wolkenflug

Bernadette Duncan

Wasser

Monet hätte wohl gemalt. Aber im August '48 waren Worte notwendig – stark genug, nach so viel Kriegseisen die Verfassung für das Leben in einem demokratischen Land zu tragen.

hochschwanger
ihr vager blick
über den see

Während in diesem August Sprachen aus allen Kontinenten auf dem die Insel ansteuernden Boot zu hören sind, setzten damals die elf Mitglieder des Verfassungskonvents mit ihren Familien über, deren Kinder sicher genauso an der Reling hingen wie die heutige Schar.

der eine chattet
der andere liest news
syrien wieder

Ein ruhiger und geschützter Ort sei nicht einfach zu finden gewesen, hieß es später. Vor allem auch die Stimmung auf Herrenchiemsee habe zur gelingenden Ausarbeitung einer ersten Version beigetragen, an deren Anfang noch stand: „Die Würde der menschlichen Persönlichkeit ist unantastbar."

Angelika Holweger

Mittsommer

Am Gartenteich sitzend achte ich heute besonders auf die Töne der einbrechenden Dunkelheit. Die späte Amsel mit ihrem Lied, zwei gurrende Tauben, irgendwo und doch überall die Monotonie der Grillen. Und vom Wald her noch ein paar Mal das heisere Bellen eines Rehbocks.
Solche Momente der ungestörten Wahrnehmung sind auch hier im Dorf selten geworden.
Schon verglimmt das Abendrot. Die Wolken werden rußig. Zeit, ins Haus zu gehen.

    nächtliches Foto
    unterbelichtet
    tanzen die Geister

Angelika Holweger

Frühsommer

Warm ist dieser Sonnabend. Die Glocken rufen zur Vesper. Mit Mundschutz betreten wir die barocke Klosterkirche. Sehr vereinzelt im Raum sitzen ein paar Besucher. Anstatt zu singen, werden alle Psalmen gelesen. So wie vom Corona-Gesetz vorgeschrieben. Aus dem Chorraum klingen dann wenigstens noch zwei Sologesänge des Vorbeters.
Hinterher verweilen wir etwas im Klostergarten, lauschen den Amseln und genießen die Sommerdüfte. Beim Kolumbarium angelangt, zeigt meine Freundin plötzlich auf die eine Stele und meint: „Schau, hier in dieser Kammer werde ich mal ruhen. Habe ich schon für mich reserviert." Plötzlich friere ich.

    uralte Linde
    eine Hälfte blüht
    die andere abgestorben

Gabriele Hartmann

Bagatellen

Bonn, im Juli 2020. Wir sind am Hauptbahnhof verabredet, wollen gemeinsam die Ausstellung im Beethoven-Haus besichtigen. Schilder leiten uns durch die Stadt. Im Eingangsbereich des Museums werden wir informiert.

Gleich im ersten Raum empfangen uns bekannte Portraits. Wir erklimmen eine schmale Stiege. Linker Hand gibt es Sitzgelegenheiten und Kopfhörer. Einer erkennt die Melodie, nickt mir zu.

die Neunte – knarrende Dielen
Manche der kleinen Räume darf man nur einzeln betreten. Im Obergeschoß wird es intimer. Die wieder und wieder korrigierten Handschriften – in Faksimile zwar –, Hörrohre und Gänsefedern. Eine Lebend- und seine Totenmaske, die wir miteinander vergleichen.

Die digitale Installation: „Was mich angeht, ja du lieber Himmel, mein Reich ist in der Luft, wie der Wind oft, so wirbeln die Töne, so oft wirbelt's auch in der Seele!" beeindruckt durch Technik.

Im Garten nehmen wir unsere Hygienemasken ab, atmen durch. Dann legen wir sie wieder an und steigen zur klimatisierten Schatzkammer hinab. Skizzen, Korrespondenz, eine Abschrift des Kopisten. Exponat Nr. 9: ein Fehlerverzeichnis zur Originalausgabe des Klaviertrios op. 70. Unter anderem fehlte ein Schlusszeichen.

Variationen
mit einer Fuge – bitte
wahren Sie Abstand

Rengay

Claudia Brefeld, Claus Hansson und Ilse Jacobson

Gedanken wiegen schwer

im Rückspiegel
die Heimat verschluckt
von der Nacht

Gas geben –
komm Schöne neue Welt*

Blickwechsel
zwischen ihnen
graue Masken

Gedanken wiegen schwer
erste Vogelstimmen

fern klingt
und nah –
ein Rauschen

ICE-Strecke Hochheim
Wind greift in eine Lilie

*Aldous Huxley

CB: 1, 4 / IJ: 2, 5 / CH: 3, 6

Sylvia Bacher, Claudia Brefeld und Brigitte ten Brink

herbstkräftig
(Parks/Herbst)

herbstkräftig ...*
ein jogger steppt
über kastanien

140 bpm
die kühle luft erwärmt sich

Nebelromantik
schritt für schritt entblättern sich
bäume und sträucher

im park – laubbläser
vertreiben seine farben

noch geöffnet
der kiosk am eingang
das letzte eis

flitzt übern kies verharrt – und
rauf den stamm das eichkätzchen

* aus Mörike: Septembermorgen

CB: 1, 4 / BtB: 2, 5 / SB: 3, 6

Sylvia Bacher, Claudia Brefeld und Brigitte ten Brink

dieses glitzern
(Gebäude/Winter)

schutz suchen
im kathedraleneingang
gefrierender atem

speit eiszapfen
der dachrinnendämon

um die häuserecke
es duftet nach
heißen maroni

meine kalten finger
langsam erwärmen sie sich

macht werbung fürs
weihnachtsoratorium
die litfaßsäule

dieses glitzern
am rathausfenster

BtB: 1, 4 / SB: 2, 5 / CB: 3, 6

Kettedichtungen

Helga Stania

monochrom
nach fotos von michael kenna

still – die windmühlen von la mancha
am rande der sicheldünen
ein singen ahnen

mit müdem blick
folge ich spuren
zum eichengehölz

durch den nebel tanzen
barocke brunnen
acqua alta   venedig als traumsequenz

Es können auch längere und lange Kettendichtungen eingereicht werden, diese werden
dann aber nicht mehr im SOMMERGRAS, sondern auf der DHG-Website parallel zur
jeweiligen SOMMERGRAS-Ausgabe veröffentlicht. Auf diese Weise wird die gemein-
schaftliche Kettendichtung besser gefördert, da es so keine Platzeinschränkungen mehr
gibt, die beim SOMMERGRAS ja immer eine Rolle spielen.
Die Kettendichtungen (*renku*) bitte immer mit dem zugrunde liegenden Schema und
Anmerkungen einreichen, da es so für die Leser besser nachvollziehbar ist.
Wir freuen uns auf Ihre Zusendungen!

fünf Kontinente
ich träume vom MEER

Haiga: Gabriele Hartmann

Briefe an die Redaktion

Die SOMMERGRAS-Redaktion freut sich immer über Zuschriften, jedoch ist das Einreichen eines Briefes an die Redaktion keine Garantie für den Abdruck. Der Umfang sollte ein bis zwei SOMMERGRAS-Seiten (A5) nicht überschreiten. Die Redaktion behält sich Kürzungen/den Abdruck von Auszügen vor.

Beitrag von Klaus Stute:

In SOMMERGRAS Nr. 128 auf Seite 86 wurden von Ruth Wellbrock zwei Haiku auf ihre Haiku-Qualitäten hinterfragt. Dazu fallen mir noch zwei Ergänzungen ein.

> wie warm er hält
> der schwarze Mantel den ich
> niemals tragen wollte
>> Eva Limbach

Hier geht es meiner Meinung nach ganz klar um ein Erbstück. Der schwarze Mantel stammt von Mutter. Es geht also um Trauerarbeit, Respekt, etc. und irgendwie auch noch um ein Festhalten, bzw. posthumes Verbindung-Halten. Auch um ein Annehmen: Der Mantel demonstriert also, dass man seinen Frieden mit dem Unabänderlichen geschlossen hat. Alles sehr schön indirekt im Haiku zum Ausdruck gebracht.

> Der Schatten der Kiefer
> ist umso dunkler, je heller
> der Mond scheint
>> Dogen

Offensichtlich ist das eine Behauptung. Nach einer Antwort – und auf welche Frage dann – sieht es nicht aus. Und das sollte es ja auch nicht: Haiku gibt nämlich keine Antworten.

Worum geht es dann? Natürlich um Fragen, die wir (nicht das Haiku) an uns stellen sollten. Und da haben wir folgendes Phänomen: Entweder gibt es gar keine Frage; wir wischen das Haiku vom Tisch. Oder es stellen sich mit längerem Festhalten am Text immer mehr Fragen.

Es könnte auch sein, dass je heller der Mond scheint, umso mehr Fragen auftauchen – was immer hier mit „heller" gemeint sein könnte …

Das heißt natürlich noch lange nicht, dass der Schatten der Kiefer sich damit umso mehr oder besser erhellt. Im Gegenteil, je länger wir darauf starren, je tiefer wir darin eintauchen, umso dunkler und fragwürdiger wird er womöglich.

Aber wie gesagt: Im Falle eines Interesses sollte man schon dran bleiben und nicht gleich darüber hinweg gehen – wobei es wie immer nicht schaden kann, das alles nicht allein mit sich und dem Schatten auszumachen. Und mit dem Mond.

Beitrag von Klaus Stute:

Haiku-Kommunikation

>   da habt ihr meine
>   * kunst *
>   bezahlt mich dafür

Sorry – das hört sich jetzt sicher etwas verstörend an. Wenn das ein Haiku ist, dann vielleicht deswegen, weil man zwischen den Zeilen lesen kann, dass es nicht die Meinung des Autors ist. Und deswegen, weil man sich denken kann, dass es durchaus ein Graffito sein könnte, das an die Hauswand eines Elfenbeinturmes gesprüht wurde.

Wie komme ich dazu? Nun – ich hatte vor Kurzem einen kleinen Meinungsaustausch mit einer Haiku-Kollegin, die ihre Werke auf keinen Fall im DHG-Forum vorstellen und öffentlich diskutieren, geschweige denn erklären will und selbst in der DHG-Öffentlichkeit nichts zu den Werken von anderen sagen möchte. Diese Einstellung ist sicher die der meisten

Kunst-Produzenten. Sie suchen eigentlich nur „Käufer", die ihnen ihre Werke „abnehmen". Natürlich schauen sie sich auch gerne die Werke von anderen an; aber eine öffentliche Auseinandersetzung ist tabu. Und die wollen sie bei ihren eigenen Werken auch nicht haben. Ganz offensichtlich gilt das heute auch für 95 % der zur DHG gehörenden Haiku-Autoren – was aber leider das Internet-Haiku-Forum der DHG ad absurdum führt.

Für mich, der ich über zwanzig Jahre lang im Haiku-Forum des Hamburger Haiku-Verlags und den Nachfolge-Foren „sozialisiert" worden bin, stand immer die offene, direkte Kommunikation über Haiku im Vordergrund. Von Anfang an war uns ja vermittelt worden, dass bei Haiku eine offene, möglichst vielschichtige Auseinandersetzung im Vordergrund steht und der Gedanken-Austausch mit den Forums-Teilnehmern gepflegt werden sollte, um an dem Reichtum der Aspekte eines guten Haiku möglichst wenig zu übersehen. Dabei ging es nicht nur um ein Lernen von und für Haiku-Anfänger, sondern auch darum, generell sein Gefühl für Haiku ständig zu schärfen und auch mitzuteilen. Dieses Miteinander wurde als eine Art Grund-Gedanke oder Kennzeichen von Haiku propagiert, basierend auf Haiku-Gepflogenheiten der alten japanischen Meister, gemeinsam an Haiku zu arbeiten.

Das im Laufe der Jahre immer mehr an Bedeutung verlierende Interesse an diesem gemeinsamen Umgang mit Haiku – bis hin zum heutigen, verglichen mit früher völlig ausgestorbenen DHG-Forum – ist meines Erachtens mehr als ein Trauerspiel. Ganz zu schweigen von der Missachtung der immensen Arbeit der Web-Administratoren um Stefan Wolfschütz, die diese zur Bereitstellung und Pflege eines solchen Internet-Auftritts aufgebracht haben.

von allen Träumen
des Autors geblieben ein
Sommergrasabdruck

lautete einer meiner letzten Haiku-Versuche im DHG-Internet-Forum. Das war schon ein ironischer Seitenhieb auf all diejenigen, denen die Hoffnung reicht, mit einem Abdruck ihrer Haiku in den SOMMERGRAS-Ausgaben etwas Nachhaltiges bewirkt zu haben. Ich denke ja, dass diejenigen, die unter „kommunizieren" ein einseitiges Verbreiten der Dinge verstehen, die sie veröffentlichen wollen, auf dem Haiku-Holzweg sind. Und ob man das ebenso einseitige Lesen eines Textes als kommunizieren mit dem Text oder gar mit dem Autor auffassen kann, lassen wir auch mal dahingestellt.

Aber – und darum ging es mir eigentlich mit dem provozierenden Eingangs-Haiku – wichtig ist mir der Blick auf das in der Kunst natürlich überall verbreitete Produzenten-Konsumenten-Verhältnis. Wenn die Mehrheit von uns der Meinung ist, dass es auf Haiku selbstverständlich auch anzuwenden ist, dann streiche ich die „Kommunikation" aus meinem bisherigen Haiku-Verständnis.

Ich erinnere aber gern noch mal an eine Feststellung von Carsten Kaven in seinem jüngsten SOMMERGRAS-Beitrag „Das Haiku im Anthropozän": „Haiku-Dichtung transportiert eine bestimmte Welt-Sicht, wie sie durch die Stellung des dichtenden Ich und den Bezug auf Gegenwärtig-Konkretes ausgedrückt wird."

… und nicht zu vergessen: den Bezug zu seinen Mitmenschen.

Brigitte ten Brink

Marcus Kämper und Christof Blumentrath: Fundstücke & Haiku

Marcus Kämper und Christof Blumentrath: Fundstücke & Haiku.
https://fundstuecke.jimdosite.com/.

Die Ausstellung „Fundstücke & Haiku", eine Gemeinschaftsarbeit von Christof Blumentrath (Haiku) und Marcus Kämper (Fotos), ist ein Opfer der Corona-Pandemie geworden, und so liegt nun ein Ausstellungskatalog vor mir, dessen abgebildete Werke in der Realität (noch) nicht besucht werden konnten. Auf der oben genannten Webseite können die Werke mit vielen zusätzlichen Informationen jedoch betrachtet werden. Als Extra befinden sich auf dieser Webseite von Christof Blumentrath geschriebene und gelesene Haibun, die mit Klanginstallationen von Marcus Kämper unterlegt sind.

Den Abbildungen zu „Fundstücke" geht ein Vorwort der Autoren voraus, das mit einem Zitat von Pablo Picasso beginnt:

„Ich suche nicht, ich finde. Suchen ist das Ausgehen von alten Beständen und das Finden wollen von bereits Bekanntem. Finden, das ist das völlig Neue. Alle Wege sind offen und was gefunden wird, ist unbekannt."

Für Picasso ist „finden" positiver besetzt als „suchen", weil seiner Meinung nach durch „finden" etwas Neues entdeckt wird, „suchen" jedoch nur auf Bekanntes stoßen kann. Deshalb möchte ich dieses Picasso-Zitat mit einem Zitat aus dem ersten Pippi-Langstrumpf-Buch ergänzen. Pippi erklärt Annika und Tommy, was ein Sachensucher ist. Ein Sachensucher ist:

„Jemand, der Sachen findet, wisst ihr. Was soll es anderes sein? Die ganze Welt ist voll von Sachen und es ist wirklich nötig, dass sie jemand findet. Und gerad das, das tun die Sachensucher."*

Diese Erklärung von Pippi verlangt genauso wie das Picasso-Zitat den offenen Blick in und auf die Welt für all das, was sie bietet, besonders für die kleinen, die unscheinbaren Dinge, die bei oberflächlicher Betrachtung nicht gesehen werden und dabei doch Schätze in sich bergen können. Im Auge des Betrachters liegt es, den Schatz als solchen zu erkennen und ihn zu heben und zu würdigen.

Marcus Kämper und Christof Blumentrath haben nun Dinge, oder besser gesagt, deren noch existierende Reste, das, was von dem, was sie einmal waren, übrig blieb, gefunden. Dinge, die normalerweise nicht wahrgenommen werden, an denen wir achtlos vorübergehen und die nicht mehr zu gebrauchen sind. Und nun geschieht etwas Außergewöhnliches. Diesen Restdingen, diesen „Fundstücken" wird eine Bedeutung gegeben, indem der eine sie fotografisch in Szene setzt und der andere diese Fotografie mit einem Haiku unterlegt. In meinen Augen ist dies das Phänomen, welches in der Haiku-Theorie wabi-sabi genannt wird: die Schönheit auch im Schlichten, im Unperfekten, im Vergänglichen zu erkennen und anschaulich zu machen und so dem Ganzen einen ganz eigenen, nicht mehr zu übersehenden stilvollen Ausdruck zu verleihen.

Faszinierend, wie es Markus Kämper gelingt, den Fundstücken, gestochen scharf auf schwarzem Grund, eine Aura zu geben, die aus ihnen Kunstwerke machen. Die Haiku von Christof Blumentrath, unprätentiös in der Sprache und doch wunderbar lyrisch und zu Herzen gehend, verstärken diese Wirkung auf eindrucksvolle Weise.

Auf der oben genannten Webseite findet sich zu jedem Fundstück eine kurze Dokumentation über Größe, Material, Funddatum, Fundzeit und Fundort sowie viele weitere Informationen u. a. über jeweils einen Aspekt des dazugehörigen Haiku. Diese Webseite ist anschauenswert, lesenswert, „eine Brücke zwischen realer und visueller Ausstellung", wie die Autoren in ihrem Vorwort zum Katalog schreiben, und eine wunderbare Möglichkeit, auch in schwierigen Zeiten Kultur zu genießen.

*https://efraimstochter.de/201-Sachensucher-tolle-Dinge-finden-wie-Pippi-Langstrumpf.htm

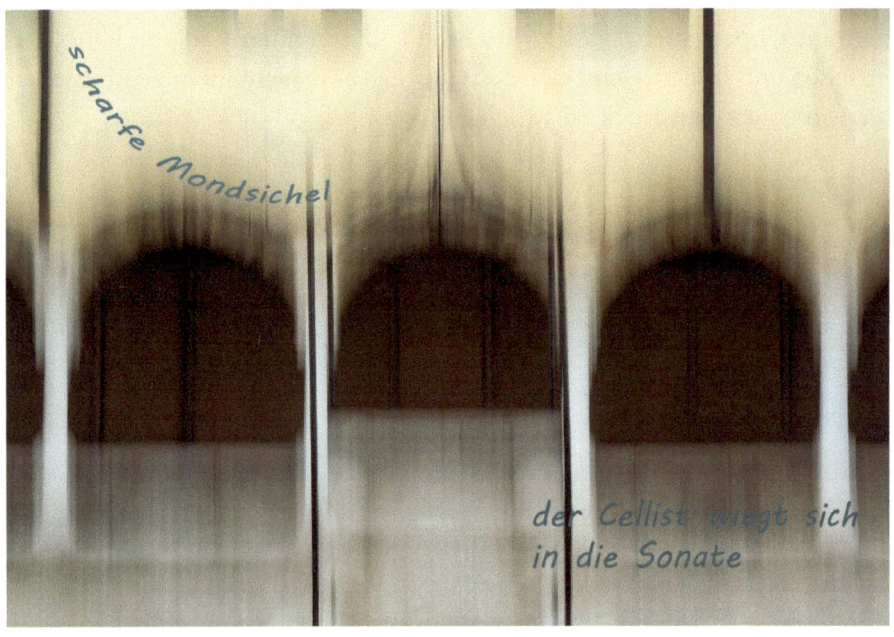

Haiku: Claudia Brefeld und Foto: Paul Bernhard

Eleonore Nickolay

Stimmen der Steine – Voices of Stones – Voix de pierres – Voces de piedras

Klaus- Dieter Wirth: Stimmen der Steine – Voices of Stones – Voix de pierres – Voces de piedras. 145 Haiku. Alittera Verlag, München. 2020. 175 Seiten. ISBN 978-3-962332-28-0.

Nach „Zugvögel" und „Im Sog der Stille" legt uns Klaus-Dieter Wirth mit „Stimmen der Steine" eine neue Sammlung seiner Haiku vor, die in den Jahren 2008 bis 2010 in Haiku-Zeitschriften und -Anthologien, meistens auch auf internationaler Ebene, veröffentlicht wurden. In gewohnter Manier präsentiert er sie in seinen eigenen englischen, französischen und spanischen Übersetzungen, die Originalfassung jeweils kursiv gedruckt, wobei ein Verzeichnis am Ende des Gedichtbandes Aufschluss über die verschiedenen Veröffentlichungsquellen gibt. Im Vorwort betont der Autor, wie wichtig es ist, zwischen Haiku und Senryu zu unterscheiden. Während sich im Haiku der Dichter zurücknimmt, gibt er im Senryu seine persönliche Einstellung und Befindlichkeit preis und thematisiert Menschliches mit oft zwinkerndem Auge. Im Text sind die entsprechenden Gedichte mit einem (S) gekennzeichnet.

Der uns als Haiku-Historiker wie -Theoretiker wohlbekannte Klaus-Dieter Wirth zeigt in seiner dritten Haiku-Sammlung auf ein Neues, dass er das Haiku-Dichten ebenso beherrscht wie die theoretische „Haiku-Materie".

Seine Gedichte tragen den Haiku-Geist (*hai-i*) in sich: „den schlichten, unprätentiösen, suggestiven Neuzugang im Sinne einer geistigen Vertiefung, wie sie Matsuo Bashō propagierte; das, was ein Haiku unabhängig von der Form wirklich ausmacht".*

Im Folgenden möchte ich einige Haiku vorstellen, die auf den ersten Blick belanglose Situationen oder Begebenheiten thematisieren, die beinahe jeder von uns kennt. Diesen etwas Geheimnisvolles, Undefinierbares (*yūge*n) zu entlocken, ihnen eine Tiefe zu geben, die wiederum bei den Lesenden einen Nachhall (*yoin*) erzeugt, ist das Faszinierende an diesem Genre.

nach dem Begräbnis
gehen einige langsamer
andere schneller

Ja, tatsächlich verlassen die einen schneller, die anderen langsamer den Friedhof nach einem Begräbnis, doch noch nie habe ich mir Gedanken darüber gemacht. Die schlichte Benennung der Tatsache bringt mich zum Nachdenken über den Tod und wie wir damit umgehen. Sind die langsam Gehenden die direkt Betroffenen, Familienangehörige, Freunde? Doch der, für den der Schmerz um den verlorenen Menschen schier unerträglich ist, der verlässt den Ort des endgültigen Abschieds vielleicht sogar fluchtartig? Plötzlich steigt da in mir eine persönliche Erinnerung hoch!

Planschbecken
ein paar rostrote Blätter
ganz unter sich

Sofort entsteht das Bild vor meinem geistigen Auge, und ich spüre die Melancholie des vergangenen Sommers und nahenden Herbstes. Ich höre förmlich noch das Jauchzen planschender Kinder, Enkelkinder. Jetzt herrscht Stille und ein Gefühl von Einsamkeit. Wie die rostroten Herbstblätter sind auch die Großeltern nun unter sich und auf sich und ihr Älterwerden zurückgeworfen.

Umzug
unter dem Esstisch
schon wieder Krümel

Bedeuten die Krümel, dass man sich vielleicht zwischen Umzugskartons und allerlei Durcheinander schon häuslich eingerichtet hat, sich wohlfühlt im neuen Zuhause? Oder ist das Krümeln als Unart zu verstehen und ein

Bild für unsere Unzulänglichkeiten, Schwächen, unseren Charakter schlechthin? Dann bleibt der Umzug nur eine äußerliche Veränderung. Die Menschen hingegen bleiben dieselben und ihre Probleme, ihre Konflikte reisen immer mit.

nur ganz kurz
ein Gelächter im Flur
des Krankenhauses

Spontanes Lachen, das Spaß, Freude, Lebensfreude ausdrückt und sich sofort selbst unterdrückt an einem Ort des Leidens und Sterbens, aber auch des Genesens. Wer lacht da? Besucher, die erleichtert nach Hause gehen, weil es ihrem Angehörigen besser geht? Oder zwei Kranke, die schon wieder laufen können und sich glücklich die Beine vertreten? Lachen im Krankenhaus, ein prägnantes Bild, wie nah Leben und Tod beieinander liegen.

Hiroshimanacht
Glühwürmchen
brechen das Schweigen

Auch in diesem Haiku schwingt Lebensfreude und Optimismus mit. In die schmerzhafte und ernste Erinnerung an die Hiroshima-Opfer tanzen plötzlich die fröhlichen Glühwürmchen hinein und bringen die Menschen zum Sprechen. Die Natur spendet Trost und das menschliche Miteinander Kraft und neuen Lebensmut.

Honfleur im Herbst
in den Kunstgalerien
Honfleur im Sommer (S)

Hier nun ein Senryu. Massenweise zieht es im Sommer die Touristen nach Honfleur, die kleine malerische Hafenstadt in der Normandie, die einst die Impressionisten für sich entdeckten. Der im Sommer überlaufene Ort mag im Herbst einen ganz besonderen Charme haben, und dann holt den entspannten Besucher beim Flanieren vorbei an den zahlreichen Galerien die sommerliche Hochsaison wieder ein! Oder ist es ganz anders? Ist Honfleur im Herbst so trübsinnig, dass es die heiteren Sommerbilder der Galerien braucht, um den gelangweilten Besucher bei Laune zu halten?

ein Blumenbukett
auf dem Beifahrersitz
der Taxifahrerin

Mal ganz ehrlich? Wenn wir Taxi fahren, interessieren wir uns kaum für den Fahrer oder die Fahrerin. Es sind Dienstleister, die uns von A nach B bringen. Das Blumenbukett macht aus der der Taxifahrerin plötzlich einen Privatmenschen, der uns interessiert. Sind die Blumen für sie, hat sie Geburtstag oder einen neuen Freund? Oder wird sie die Blumen verschenken, an ihre Mutter, ihre Schwester, ihre Tochter?

erster April und
wie frei sich der Wind bewegt
im Gefängnishof

Klingt das wie ein schlechter Scherz? April, April, nur der Wind ist frei und kann über die Gefängnismauern entkommen. Oder ist die Angabe des Datums ein Hinweis darauf, dass für den Gefängnisinsassen der Tag der Entlassung naht und er den Hofgang nun umso sensibler wahrnimmt, den Wind in seinem Gesicht spürt, der ihm baldige Freiheit verheißt?

Inselabtei
winterstill im Eis
die Abendsonne

In einer Fußnote präzisiert der Autor, dass es sich um die Insel Reichenau im Bodensee handelt.

Ein atmosphärisch sehr dichtes Haiku! Die Abgeschiedenheit, die eine Abtei suggeriert, wird noch verstärkt durch die Tatsache, dass sie sich auf einer Insel befindet. Beinahe kalt und abweisend wirkt sie dann durch die zweite Zeile, „winterstill im Eis", bis wir nach der Lektüre der dritten Zeile bemerken, dass es sich um einen Scharniervers handelt, die Aussage also für die Abtei wie für die Abendsonne zutreffen kann. So wird das Gefühl von klirrender Kälte noch einmal potenziert.

Schließen möchte ich mit dem Haiku, das dem Buch den Titel gibt. Eine gute Wahl, denn es illustriert, was am Anfang eines guten Haiku steht, nämlich das Innehalten, ohne das keine feinsinnige Beobachtung, keine Empfindung, keine Imagination möglich ist:

Wie behutsam
die Sonne den Hang enthüllt!
Stimmen der Steine

* Definition aus dem neuen Glossar von Klaus-Dieter Wirth der Haiku-Agenda 2021.

tastende Schritte

halte Rast am Abgrund

Angelika Holweger

Haiga: Angelika Holweger

Martin Thomas

Das Tanka ist tot, es lebe das Tanka:
Moderne Großstadtlyrik in japanischem Gewand

Tony Böhle: PLAYLIST. Tanka von Tony Böhle mit Illustrationen von Valeria Barouch. edition federleicht, Frankfurt a. M. 2020. 84 Seiten. ISBN 978-3-946112-56-3.

Dass sich neben dem Haiku auch das Tanka als Vertreter der klassischen japanischen Kurzlyrik in Deutschland zunehmender Beliebtheit erfreut, ist ein unumstößlicher Fakt. Genauso evident ist die Tatsache, dass es dringend Reformen bedarf, möchte es nicht ebenso wie sein jüngerer Bruder als lyrisches Experimentierfeld der Generation Ü50 enden, deren kreatives Potenzial sich allzu häufig in der Wiederholung ewig gleicher Themen und Motive erschöpft. Diesen Handlungsbedarf hat auch Tony Böhle, der Autor der vorliegenden Tanka-Sammlung, erkannt und liefert mit seinem Erstlingswerk „Playlist" ein beeindruckendes Zeugnis davon, wie die Transgression einer weit mehr als eintausend Jahre alten Gedichtform in den Kontext moderner Lebenswirklichkeit gelingen kann.

Insgesamt bietet der vorliegende Band seinen Leserinnen und Lesern 87 Gedichte, welche sich ungleich auf sieben thematisch zusammenhängende Abschnitte – „Nomaden", „Frisch gestrichen", „Ducken und Bedecken", „Montagsmorgen-Countdown", „Don Quichote", „Playlist" und „Falter ohne Fühler" – verteilen. Schon beim ersten Blättern fallen die überaus gelungenen Illustrationen von Valeria Barouch ins Auge, die dafür sorgen, dass im Falle der zu bewertenden Sammlung durchaus von einem Gesamtkunstwerk gesprochen werden kann, da jede der zehn Lichtmalereien, welche den progressiv-modernen Charakter des Bandes unterstreichen, einem ganz bestimmten Text gewidmet ist und diesen durch eine optische Bildsphäre ergänzt. Den eigentlichen Gedichten vorangestellt ist ein kurzes Vorwort des Autors, in dem dieser sein Verständnis der lyrischen Form des Tanka erläutert und plausibel begründet, warum es immer noch lohnenswert ist, sich dieser Art des lyrischen Ausdrucks zu bedienen. Abgerundet wird der Band schließlich durch ein ausgesprochen informatives Nachwort von

Christian Skrey, das auf zwölf Seiten neben biografischen Details zum Autor auch fundierte Analysen einzelner Gedichte im Kontext der Entwicklungsgeschichte des Tanka enthält.

Auf der inhaltlichen Ebene finden sich insbesondere Motive, die dem Genre der Großstadtlyrik zugeordnet werden können. So wird der tägliche Weg zur Arbeit und die Tristesse der sich stets wiederholenden Tagesabläufe („Nomaden", „Don Quichote") ebenso beschrieben wie die Anonymität des Individuums in der Großstadt und das Gefühl der Entfremdung („Frisch gestrichen"). Und auch die Angst vor drohenden Gesellschaftskonflikten und Kriegen („Decken und Bedecken") ist lyrisch verarbeitet. Den weitaus größten Teil der Sammlung nehmen, und hier findet sich eine Parallele zum klassischen Tanka bzw. Waka, Gedichte ein, welche Liebe und zwischenmenschliche Beziehungen thematisieren („Don Quichote", „Playlist", „Falter ohne Fühler"). Die Stärke des Autors besteht dabei insbesondere in der schonungslosen Weise, in welcher er mit sich und seinen Gefühlen ins Gericht geht. Diese Form der Selbstentblößung funktioniert ausgesprochen gut, da der Autor seine Leserschaft in deren realem Lebensalltag, sei es beim Aufstehen am Morgen, dem Einkauf im Supermarkt oder dem Feierabend auf der Couch, abholt. So wird eine persönliche Beziehung aufgebaut, welche die Leserinnen und Leser förmlich in einer Art Sog vom einen zum nächsten Gedicht ziehen dürfte. Der einzige Kritikpunkt besteht in einer gewissen Monotonie der vorherrschenden Stimmung. So werden die größtenteils desillusionistisch-melancholischen Werke leider viel zu selten durch humoristische und eindeutig lebensbejahende Einlagen aufgelockert, was aber auch der subjektiven Empfindung des Rezensenten geschuldet sein mag.

Betrachtet man abschließend die stilistische Ebene, so merkt man schnell, dass hier jemand sein Handwerk versteht. Ohne sich allzu verbissen an die eigenen Vorgaben zu halten, etabliert der Autor eine fünfzeilige Alternation von kurzen und langen Versen (kurz-lang-kurz-lang-lang), welche in ihrem sprachlich-semantischen Zusammenspiel sehr nahe an die japanische Ursprungsform heranreicht. Darüber hinaus sorgen phonologische Figuren wie Alliterationen und Onomatopoetika, syntaktische Figuren wie Parallelismen und Enjambements sowie zahlreiche Symbole, Metaphern und Vergleiche für eine gestalterische Variabilität, welche durch den wiederholten Einsatz von wörtlicher Rede und typologischen Besonderheiten wie Auslassungen, Gedankenstrichen und Emojis gelungen komplettiert wird. Es bleibt zu hoffen, dass das Erstlingswerk des Autors, das aufgrund seiner thematischen und stilistischen Eigenheiten als deutsches Äquivalent des bekannten *Sarada kinenbi* (サラダ記念日 „Der Salat-Gedenktag", 1982) von Tawara Machi (*1962) bezeichnet werden kann, von einem möglichst breiten Publikum rezipiert wird und hierzulande ein ähnliches Echo auslöst wie sein japanisches Pendant seinerzeit in Japan. Die ersten Seiten eines neuen Kapitels der Geschichte des deutschsprachigen Tanka sind auf jeden Fall geschrieben.

Samstagabende
zu zweit vorm Fernseher –
eine Zeit als ich
begann mir Unterwäsche
in 3er-Packs zu kaufen

die Zeitung auf dem Schoß,
ein Pappbecher voll Kaffee:
Insignien
all jener, die auszogen,
ihr Glück zu suchen

einzigartig
wie ein Fingerabdruck –
die Playlist
im iPhone ein Negativ
deiner Persönlichkeit

gestrandet
in einer Stadt, wo keiner
mich kennt
lieg' ich nachmittags im Park
transparent wie eine Qualle

stelle ich mir vor,
du könntest fragen, ob mich
das Gewissen plagt,
lass ich die Blumen lieber
gleich im Laden stehen

nach und nach
leuchten in den Fenstern
Lichter auf –
jedes ein kleiner Stern
unerreichbar für die anderen

„Nein, ich möchte
wirklich keine Kinder …"
einen nach
dem anderen sortierst du
die Schrimps aus dem Salat

sie steigen herauf
mit einem Schluck Milch:
die Wolken im Tee
und mit ihnen Gedanken
an die Trübnis dieser Welt

80

das beständige
Klack-Klack der Räder unter
mir dem Rhythmus
eines Herzschlags gleich
bedrückt von hundert Sorgen

ein:'(
in deiner WhatsApp sagt,
dass du mich vermisst …
warum zeigst du dich
immer nur in Kürzeln?

Cervantes Don Quijote
auf dem Stapel
Mängelexemplare –
ich kaufe es
aus purer Solidarität

Montag, Dienstag,
Mittwoch … all den Tagen
Namen zu geben,
die sich wie Eier gleichen,
erscheint mir recht merkwürdig

Brigitte ten Brink

mehr als nur der Winter

Tony Böhle und Gabriele Hartmann: mehr als nur der Winter. 6 Tan-Renga. Origami-Faltbuch. bon-say-verlag 2020. www.bon-say.de und info@bon-say.de

Klein, aber fein wäre für dieses Büchlein untertrieben. Vom Feinsten wird ihm eher gerecht. Die sechs Tan-Renga, die Tony Böhle (TB) und Gabriele Hartmann (GH) zusammen verfasst haben, sind ein Höhepunkt der Tan-Renga-Dichtkunst. Die beiden Autoren, bereits als ausgezeichnete Tanka-Schreiber bekannt, haben hier ihre Kunst zusammengeführt, und so sind Tan-Renga entstanden, deren Nachhall den Leser nicht so schnell loslässt. Immer wieder möchte man sie lesen, sich den Worten, dem Rhythmus hingeben und in die Tiefen der Bedeutung eintauchen. Abwechselnd gibt einer von ihnen das Hokku vor und der andere vervollständigt dieses im Unterstollen einfühlsam mit seinen Gedanken und Assoziationen zu den jeweils vorgegebenen Zeilen und sensibel hinsichtlich der syntaktischen und semantischen Schwingungen, die das Ganze dann zu einem stimmigen und berührenden Gesamtwerk werden lassen.

ganz scheint es,
mehr als nur der Winter
verließ die Stadt –

halb geöffnet ein Krokus
und das Kameraauge
  TB / GH

Jedem der sechs Tan-Renga ist eine Jahreszeit zugeordnet. Eine schöne Verbindung zwischen einem klassischen Aspekt und den (menschlichen) Befindlichkeiten, von denen sie handeln.

Haiga: Horst-Oliver Buchholz

Claudia Brefeld

PLAYLIST

Tony Böhle: PLAYLIST. Tanka von Tony Böhle mit Illustrationen von Valeria Barouch. edition federleicht, Frankfurt a. M. 2020. 84 Seiten. ISBN 978-3-946112-56-3.

Frisch und modern kommt das Buch daher – und unmerklich lässt man sich hineinziehen und fallen, kann man doch wunderbar mit der Lichtmalerei von Valeria Barouch, die als Blickfang das Cover prägt, mitschwingen.

Gleich eingangs im Klappentext hat es Martin Thomas konzentriert mit einem Satz auf den Punkt gebracht:

„Tony Böhle liefert mit seinem Erstlingswerk PLAYLIST ein beeindruckendes Zeugnis davon, wie Transgression einer weit mehr als eintausend Jahre alten Gedichtform in den Kontext moderner Lebenswirklichkeit gelingen kann."

Auch hier gebe ich meinem ersten inneren Impuls nach, schlage die letzte Seite der Tanka auf und lese:

> unser Abschied wirkt
> heut' Abend wie die Szene
> eines Spielfilms …
> dazu trägst du – ganz stilecht
> – den Wind in deinem Haar

und dann zufällig in der Mitte des Buches:

> die Einförmigkeit
> grüner Äpfel im
> Supermarktregal –
> ich greif' mir einen heraus
> und nenn' ihn zum Spaß Tony

Schon die einzelnen Themen (Nomaden, Frisch gestrichen, Ducken und Bedecken, Montagmorgen-Countdown, Don Quichote, Playlist, Falter ohne Fühler) lassen erahnen: Hier geht es um neue Blickwinkel auf aktuelle

Themen, die den heutigen Alltag prägen. Und so liest man über scheinbar Unscheinbares, Resignation und Selbstzweifel, die Skepsis gegenüber Entwicklungen, aber da ist auch ein achtsamer und zugleich liebender Blick auf sich selbst und auf den Partner – manchmal schnörkellos, doch stets lyrisch:

umfasst behutsam
ein angeschlagenes Ei
mit beiden Händen –
selbst als kinderlose Frau
trägst du diese Liebe in dir!

Rückblick:
Tanka bedeutet „kurzes Lied/Gedicht" und wurde früher in Japan in einem zeremoniellen Rahmen als Gesang vorgetragen (auch wenn dies heute nicht mehr üblich ist, so bringt doch zumindest das laute Lesen eines Tanka seine Stärke besonders zur Geltung.)

Schon das Manyōshū, Sammlung der zehntausend Blätter (entstanden um 760), enthielt u. a. über 4.200 Tanka! Man nannte sie damals *uta* oder *waka*. Und im Vorwort des Kokin Wakashū (914 erschienen unter der Leitung von Ki no Tsurayuki), einer Sammlung alter und neuer japanischer Lieder/Gedichte, ist sinngemäß eine treffliche Beschreibung des Tanka zu finden: „Das waka bewegt mit Leichtigkeit Himmel und Erde, rührt unsichtbare Geister und Gottheiten zu Mitgefühl, vertieft die zarten Beziehungen zwischen Mann und Frau und besänftigt hitzige Krieger."

Für eine Sammlung wurden die Tanka nach ihren Motiven geordnet, wie zum Beispiel Jahreszeiten, Liebe oder religiöse Themen, und innerhalb dieser Motive in eine spannungsreiche Folge gebracht. Markant für ein Tanka waren oftmals poetische Naturbeschreibungen, die stellvertretend für die Gefühle und Empfindungen der Autor*innen standen. Anmut und das Unausgesprochene galten als ästhetisches Ideal, sodass viele der Tanka eine ruhige Traurigkeit oder Wehmut ausstrahlten.

Später trug Masaoka Shiki zur Reformierung des Tanka bei, indem er einen frischen, authentischen Stil vertrat. Im Laufe der Zeit wechselten romantische, naturalistische und politische Tanka einander ab. Das zeitgenössische Tanka mit seiner eindrucksvollen Themenvielfalt und Lebendigkeit ist inzwischen längst in der Gegenwart angekommen – gleichwohl kann man sagen, dass es vom Wesen her mit seinem klassischen Vorgänger übereinstimmt.

Bedenkt man also diese traditionsreiche Entwicklungsgeschichte des Tanka, ist Böhle mit PLAYLIST ein äußerst beachtenswerter Beitrag zum Brückenschlag in die Moderne gelungen. Wie selbstverständlich integriert er Markennamen, Modewörter und Gesprächsfetzen, blickt, ganz in der Tradition des Tanka, mal zurück oder auch voraus. Er verwebt Bedeutungsebenen miteinander und lässt so die Leser*innen an seiner Erfahrungswelt und Sichtweise teilhaben.

PLAYLIST: ein Wortspiel, das in doppelter Hinsicht Einblicke in die Tanka-Welt von heute gibt, sehr persönlich und hochaktuell.

Abgerundet wird es mit einem Vorwort, in dem Beispiele von japanischen und deutschen Tanka-Dichter*innen eingestreut sind, und einem Nachwort von Christian Skrey, das sich wie eine kleine lehrreiche Einführung in die Tanka-Welt liest. Besonders hervorzuheben sind an dieser Stelle noch die Lichtmalereien von Valeria Barouch: Illustrationen, die nicht nur als Eyecatcher dienen, sondern durchaus mit aufmerksamem Blick dem einen oder anderen Text zuzuordnen sind und so PLAYLIST zu einem facettenreichen und erfrischenden Werk machen, das man einfach immer wieder gerne in die Hand nimmt.

Eines muss ich zum Schluss ganz persönlich anmerken: 84 Seiten sind einfach zu wenig – das Buch macht süchtig auf mehr!

einzigartig
wie ein Fingerabdruck –
die Playlist
im iPhone ein Negativ
deiner Persönlichkeit

Gabriele Hartmann

quadratisch – sinnlich – gut:

„tag um tag faltet sich die zeit" Ralph Günther Mohnnau, Alpha Literatur Verlag, Frankfurt am Main. 2020.

„tag um tag faltet sich die zeit", signalisiert das **quadratische** Titelblatt und schlägt eine Saite in mir an. „Das kennst du", flüstert eine Stimme. Blind greife ich einen schmaleren Band aus dem Regal, in dem die bibliophilen Ausgaben von Ralph Günther Mohnnau stehen. Gleich und doch nicht gleich liegen sie nun nebeneinander: Die 2011 im weiss-books.w-Verlag erschienene Ausgabe und die 2020 im Alpha Literatur Verlag Frankfurt am Main herausgegebene Version. Beide gedruckt auf Büttenvorsatzpapier, die Kapitel strukturiert durch farbiges Einlagepapier aus Nepalseidelbast, der Umschlag aus handgeschöpftem Büttenpapier – die einzelnen Bögen einseitig bedruckt und handgebunden mit rotem Faden.

Gleich und doch nicht gleich: Die Neuauflage gibt jedem der 99 Haiku Raum auf einem separaten Blatt, dort wird es begleitet von einer japanischen Übersetzung von Kazuo Hosaka. Dazwischen Grafiken von Kasia Lewandowska, der Druck mal rot, mal schwarz in unregelmäßigem Wechsel. Ein Vorwort informiert über das Haiku, anstelle eines Nachworts eine Biobibliografie von Ralph Günther Mohnnau, jeweils auf Deutsch und Japanisch.

Mich faszinieren die unbekannten Zeichen. Ich unterscheide Bilder und Striche, manche wiederholen sich. Unwillkürlich suche ich in der deutschen Fassung nach sich wiederholenden Wörtern: tatsächlich! Mein Mann zaubert ein altes Lehrbuch hervor, erklärt Schriftzeichen und Moren, kommt ins Schwärmen. Mir bleibt dieses ungläubige Erstaunen, das mich gelegentlich befällt, wenn ich vor etwas wirklich Großem stehe: dem Meer, dem Gebirge, dem nächtlichen Himmel, einem Kunstwerk, Spuren einer fremden Kultur.

Und natürlich lese ich die Haiku auf Deutsch, deren Gehalt mich sofort berührt. Haiku, die sich mit der Zeit beschäftigen, mit Wachsen und Vergehen, die den Augenblick beschwören, die erzählen, was man kennt:

meine augen sind
so kalt sagt das kind als die
schneeflocken fallen

Was bleibt von Schneeflocken auf der Haut, wenn sich die Zeit mit ihnen beschäftigt? Kälte. Diesen Überraschungseffekt als Haiku-Moment festzuhalten, während vom Schnee, ja selbst von der Kälte n i c h t s bleibt. Oder doch: Erinnerung, dass da Schneeflocken waren, vorübergehende Kälte, die wieder verging.

Manchmal vertauscht die Zeit auch nur den Blickwinkel auf die Protagonisten:

das feuerwerk verglüht
die menschen längst gegangen
doch jetzt: der vollmond

Wer hätte noch kein Feuerwerk erlebt? Wer nicht in der Silvesternacht den Kopf in den Nacken gelegt? Gute Vorsätze gefasst? – Am Nachthimmel sind die Raketen zerplatzt. Ein fulminanter Höhepunkt, dann beenden drei Kanonenschläge das Spektakel. Stille kehrt ein. Es verlieren sich die Farben, der Rauch, der brandige Geruch, zuletzt die Zuschauer. Und der Vollmond? Der war schon vorher da, doch niemand hat hingeschaut. Erst als das seltene menschengemachte Schauspiel endet und wieder Nacht einkehrt, wird man sich der immerwährenden Anwesenheit des Erdtrabanten bewusst. Als Vollmond nicht minder beeindruckend, naturgewaltig und doch vorübergehend von der Pyrotechnik in eine Nebenrolle gedrängt. Und die guten Vorsätze?

von meiner schönen
unbekannten heute nacht blieb
nur wimperntusche

Es sind **sinnliche** Wahrnehmungen des zwischen Establishment und Bohème pendelnden Autoren, die eine erotische Atmosphäre evozieren. In der Rolle des Voyeurs bleibt das lyrische Ich nicht unberührt und die Leserin/der Leser auch nicht:

im schlaf ihr nachthemd
verrutscht: wo vorher seide
jetzt seidene haut

Das Stilmittel der Wiederholung vertieft die minutiöse Beobachtung, entkleidet Blicke zu Wünschen, kleidet Lauschen in poetische Laken:

die stille so still
doch plötzlich dann: dein atmen
so atemlos laut

Vor meinen Augen kristallisiert ein Bild: Halbdunkel, ein Raum, ein Bett, zwei Liebende nach dem Akt. SIE liegt regungslos, scheint zu schlafen. ER liegt auf der Seite, auf den Ellenbogen gestützt, seine Wange ruht in der Handfläche. ER beobachtet SIE. Stille. IHR plötzliches Atmen macht IHM bewusst, dass SIE IHN beim Beobachten ertappen könnte. SEIN Atem stockt. WACH. JETZT. NICHT. AUF.

Es ist dieses SIE – ER, dieses danach – davor, in dem die Zeit schwerelos zu schweben scheint, sich Poesie manifestiert. Und danach? Gedehnte Zeit: Erotische Erinnerungen, die in ihren Details ungeteilt bleiben werden:

auf dem sperrmüll
das alte eisenbett – wenn es
erzählen könnte

Gut: In epischer Breite erzählen – wohl eher nicht. Aber andeuten, werten, gewichten:

im gepäck meines
lebens: träume torheiten
irrtümer liebe

Mitteilungen

Mitteilungen

Neuveröffentlichungen

1. Ralph Günther Mohnnau: tag um tag faltet sich die zeit. 99 Haiku, ins Japanische übersetzt von Kazuo Hosaka. Grafiken von Kasia Lewandowska. Gedruckt auf Büttenvorsatzpapier. Farbige Einlagepapiere aus Nepalseidelbast. Umschlag aus Büttenpapier handgeschöpft. Auflage 100 Exemplare. Alpha Literatur Verlag, Frankfurt am Main. 2020. ISBN 978-3-946927-58-7.

2. Tony Böhle und Gabriele Hartmann: „mehr als nur der Winter", 6 Tan-Renga, Origami-Booklet, Handarbeit, von A4 auf A7 geschnitten und gefaltet, bon-say-verlag, 2020.
Zu beziehen unter: info@bon-say.de

3. Tony Böhle : PLAYLIST, Tanka, Illustrationen Valeria Barouch edition federleicht, 2020. ISBN 978-3-946112-56-3. 84 Seiten.

Sonstiges

Aufruf zur neuen Mitglieder-Anthologie der Deutschen Haiku-Gesellschaft

Im vergangenen Heft hatten wir Sie eingeladen, sich an der neuen DHG-Anthologie zu beteiligen. Seitdem treffen bei uns die ersten Beiträge ein, Haiku eng gelehnt an die Tradition, Gewagtes und neu Erprobtes sowie Tanka und – bislang noch wenige – Haibun. Wir lassen das zusammenfließen und einmünden in die neue Anthologie. Diese Anthologie wird anders sein als die vorausgegangenen, weil sie sich nicht allein auf Haiku beschränken wird, sondern den poetischen Raum weiter öffnet. Treten Sie ein, noch ist Zeit, und schicken Sie uns Ihre Beiträge. Hier zur Erinnerung nochmals die Rahmenbedingungen:

- Teilnahme nur für DHG-Mitglieder
- Eingereicht werden dürfen Werke der Jahre 2017 bis heute, auch bereits veröffentlichte.
- Fünf Texte: Haiku oder Tanka, die Verteilung ist frei wählbar
- Zusätzlich ein (nicht zu langes) Haibun
- Einsendeschluss: **15. Oktober 2020**
- Einsendungen an: **horst-oliver.buchholz@dhg-vorstand.de**
- Einsendungen unter dem Stichwort: **Anthologie 2021**

Zur Mitgliederversammlung im Mai nächsten Jahres soll die Anthologie fertig sein. Jedes Mitglied erhält ein Freiexemplar, weitere Exemplare können dann über den regulären Buchhandel bestellt werden. Seien Sie gespannt, wir sind es auch.

Haiku-, Tanka- und Haiga-Mentoring

Für das **Haiku-Mentoring** stellt sich zur Verfügung

Claudia Brefeld   claudia.brefeld@rub.de

Für das **Tanka-Mentoring** stellt sich zur Verfügung

Tony Böhle   tonyboehle@web.de

Für das **Haiga-Mentoring** stellt sich zur Verfügung

Claudia Brefeld   claudia.brefeld@rub.de

Errata

Das Haiku von Volker Friebel (Sommergras 129, Seite 20) muss richtig lauten:

Herbstmatsch.
Des toten Marders offenes
Maul.

Herzlichen Dank an Klaus-Dieter Wirth, der in der „Französischen Ecke" (Sommergras 129) Folgendes aus GONG Nummer 67 richtigstellt: „Das internationale Symposion fand nicht in Tokio statt, sondern in Matsuyama auf der ‚Shiki-Insel' Shikoku. Außerdem wurden in dem Manifest auch nicht die Kategorien *Himmel, Erde, Tiere, Pflanzen, Materialien, Religionen* expressis verbis als neu deklariert, denn sie waren schon vorher gang und gäbe. Dazu war das menschliche Leben vor allem in den traditionellen Festen stets präsent, und auch auf Namen wurde insbesondere als *utamakura* (Kopfkissenwörter) gerne zurückgegriffen."

Coverbild

Das Bild für das Cover dieser Ausgabe kommt von Paul Bernhard.

Paul Bernhard, geboren 1944 in Interlaken, (Kanton Bern) Schweiz, lebt heute in Langendorf (Kanton Solothurn). In den letzten 20 Jahren seiner beruflichen Tätigkeit arbeitete er in der Versicherungswirtschaft. Mitglied im Fotoclub Solothurn, der FIAP und der PSA seit 1967. Internationale Auszeichnungen: 1978 AFIAP, 1981 EFIAP, 1982 PSA4*CS. Juror bei nationalen und internationalen Wettbewerben. Bei ZEN-Fotokursen bei Jo Fahl wurde er auf die HAIKU-Dichtung aufmerksam gemacht. Schon bald dachte er an Kompositionen aus Bild und Gedicht und kam so zum HAI-GA. Seit 2017 Mitglied der DHG, seither erfolgreicher Teilnehmer bei HAIGA in Focus.

Impressum

Vierteljahresschrift der Deutschen Haiku Gesellschaft
32. Jahrgang – September 2020 – Nummer 130

Herausgeber:	Vorstand der DHG Tel.: 040/460 95 479 E-Mail: info@deutschehaikugesellschaft.de
Redaktion: **Mitarbeit:**	Horst-Oliver Buchholz, Eleonore Nickolay, Thomas Opfermann Ramona Linke, Claudia Brefeld
Titelillustration: **Covergestaltung:**	Paul Bernhard Stephanie Mattner
Lektorat, Satz und Layout:	Martina Khamphasith

Freie Mitarbeit erwünscht. Ihre Beiträge schicken Sie bitte per

E-Mail an:	Horst-Oliver Buchholz, Eleonore Nickolay, Thomas Opfermann: redaktion@deutschehaikugesellschaft.de
Post an:	Petra Klingl, Wansdorfer Steig 17, 13587 Berlin

Über die Veröffentlichung der Beiträge entscheidet die Redaktion. Die Meinung unserer Autoren muss sich nicht immer mit der Meinung der Redaktion decken. Die Beiträge werden von uns sorgfältig geprüft, für die Richtigkeit, Vollständigkeit und Aktualität der Inhalte, insbesondere der fremdsprachlichen Texte, können wir jedoch keine Gewähr übernehmen.

In der Zeitschrift SOMMERGRAS wird (betrifft Beiträge der Redaktion) die männliche Form stets generisch gebraucht und bezieht folglich die weibliche Form mit ein.

Einsendeschluss
für die Haiku- und Tanka-Auswahl: 15. Oktober 2020
Redaktionsschluss: 20. Oktober 2020

Jahresabonnement Inland (inkl. Porto) 45 €
Jahresabonnement Ausland (inkl. Porto) 55 €
Einzelheftbezug Inland (inkl. Porto) 12 €
Einzelheftbezug Ausland (inkl. Porto) 14,50 €
Auslandsversand nur auf dem Land-/Seeweg.

Der Mitgliedsbeitrag beträgt 45 € im Jahr und beinhaltet die Lieferung der Zeitschrift (Inland inkl. Porto, Ausland + 10 € Porto).
Die finanzielle Unterstützung der DHG quittieren wir mit Spendenbescheinigungen.